K Fischer

Militairärztliche Skizzen aus Süddeutschland und Böhmen

ein Bericht an das eidgenössische Militairdepartement

K Fischer

Militairärztliche Skizzen aus Süddeutschland und Böhmen
ein Bericht an das eidgenössische Militairdepartement

ISBN/EAN: 9783741167294

Hergestellt in Europa, USA, Kanada, Australien, Japan

Cover: Foto ©ninafisch / pixelio.de

Manufactured and distributed by brebook publishing software (www.brebook.com)

K Fischer

Militairärztliche Skizzen aus Süddeutschland und Böhmen

Militairärztliche Skizzen

aus

Süddeutschland und Böhmen.

Ein Bericht an das eidgenössische Militairdepartement

von

K. Fischer,
schweizerischer Ambulance-Arzt.

AARAU.
Druck und Verlag von H. R. Sauerländer.
1867.

Dem eidgenössischen Oberfeldarzte

Dr. S. Lehmann

hochachtungsvoll gewidmet

vom

Verfasser.

Herr Oberst!

An die Skizzirung der Eindrücke, welche ich während fünf denkwürdigen Wochen auf dem Kriegsschauplatze, dieser Stätte gewaltiger Eindrücke und höchsten militairärztlichen Interesses zubrachte, knüpft sich die dankbare Erinnerung an die freundliche Bereitwilligkeit, mit welcher Sie meinem Entschlusse entgegenkamen; an die gewichtige Fürsprache, welche Sie mir beim hohen eidgenössischen Militairdepartement leisteten und durch welche vor Allem aus mir die Erfüllung meines sehnlichen Wunsches, die Ausführung meines Reiseprojekts ermöglicht wurde.

Mit vollem Vertrauen auf eine wohlwollende Beurtheilung lege ich Ihnen hier meinen Bericht vor; derselbe macht keinen Anspruch auf jenes Gepräge von Gründlichkeit, wie es einer derartigen Schrift nur durch eine chirurgische Praxis und militairärztliche Erfahrung verliehen werden kann; es genügt mir, wenn Sie aus meiner Arbeit die Ueberzeugung schöpfen, dass ich für die mir gebotene Belehrung ein offenes Auge und für die mir vergönnte Zeit ein lebendiges Gefühl ihrer Kostbarkeit hatte.

Indessen nicht nur den einen Zweck meiner Reise, denjenigen, wissenschaftliche Kenntnisse zu sammeln, behielt ich im Auge, sondern ich war auch bemüht, Ihnen ein objectives Bild Alles desjenigen zu geben, was für unser schweizerisches Militairsanitätswesen von Bedeutung sein könnte. Nicht in dem Masse, wie ich es lebhaft gewünscht hätte, konnte ich nach dieser letzteren Richtung meine Beobachtungen ausdehnen. Einerseits langte ich zu spät auf dem Kriegsschauplatze an, um über die höchst wichtigen Fragen der ärztlichen Thätigkeit auf dem Schlachtfelde aus eigener Anschauung sprechen zu können, und waren es nur einige aus der Periode des Kampfes zurückgebliebene Denksteine, welche gemeinschaftlich mit der noch frischen Erinnerung der Militairärzte über dieses Thema zu mir sprachen; anderseits hätte ich nach meiner Rückkunft zur vollständigen Orientirung nach allen hier einschlagenden Richtungen zu viel Zeit gebraucht, ohne dass das Erscheinen meines Berichtes nicht ungebührlich verzögert worden wäre.

Jedoch einige Notizen von Werth, so hoffe ich, werden Sie dennoch auch auf diesem Gebiete finden. Ich unterbreite Ihnen dieselben zur Verwerthung nach Gutdünken; Ihr praktischer Blick und Ihre Umsicht werden die da und dort sich geltend machende individuelle Ansicht von der sprechenden Thatsache zu unterscheiden wissen. Niemand mehr wie Sie, hochverehrter Herr Collega, ist wohl von der Ueberzeugung durchdrungen, dass, angesichts der neusten Kriegserfahrungen, das schweizerische Militairsanitätswesen einer Vervollständigung bedarf, und dass es der Republik vor Allem aus, der Leuchte der Humanität und des Fortschrittes geziemt, die Gräuel des Krieges nach Kräften zu mildern und im vollsten Umfange die Mittel an die Hand zu geben zur Erhaltung von Leben und Gesundheit ihrer für sie Alles wagenden Söhne!

Aarau, Weihnacht 1866.

K. Fischer.

Inhalt.

	Seite.
Reiseplan	1
Art und Häufigkeit der Verletzungen	3
Die Behandlung der Schusswunden im Allgemeinen	12
Hospitalbrand	17
Tetanus	21
Pyämie und Septicämie — Lazarethe — Zelte — Baraken	26
Kopfverletzungen	50
Halsschüsse	55
Brustschüsse	56
Becken- und Unterleibsschüsse	62
Wirbelsäuleschüsse	64
Verletzungen der obern Extremitäten	65
Schussverletzungen der untern Extremitäten	76
Verletzungen des Kniegelenkes	93
Verletzungen des Unterschenkels	95
Verletzungen des Fussgelenks und des Fusses	98
Thätigkeit auf den Verbandplätzen und in den Ambulancen.	
Transport der Verwundeten — Spitäler — Hülfsvereine	99
Genfer Convention	115
Bekleidung, Ausrüstung und Besoldung des Sanitätscorps	117

Mein Reiseplan.

Am 31. Juli dieses Jahres langte ich in Tauberbischofsheim, dem Schauplatz der letzten Kriegsaction in Süddeutschland, an; die Waffenruhe war bereits abgeschlossen und die Aussicht auf neue Thätigkeit auf dem Schlachtfeld war geschwunden. Alle Lazarethe, deren ich etwa 28 in den Orten Bischofsheim, Werbach, Grossrinderfeld, Mergentheim, Würzburg, Uettingen, Aschaffenburg etc. besuchte, waren mit ärztlichem Personal vollständig genügend versehen, und meine Aufgabe konnte daher nur darin bestehen, bei Operationen, Anlegen von Verbänden, Sectionen behülflich zu sein, und die täglichen Morgen- und Abendvisiten mitzumachen; letztere nahmen den grössten Theil des Vormittags und den Nachmittag zwischen 3 und 6 Uhr in Anspruch und die übrige Zeit benutzte ich zur Inspection des Sanitätsmaterials der verschiedenen Armeen, zu Informationen über die ärztliche Thätigkeit in den Gefechten und auf dem Marsch, zur Besichtigung der Schlachtfelder und der Verbandplätze auf denselben, zu schriftlichen Notizen und zum Reisen, welch' letztere Nothwendigkeit mir einen bedeutenden Theil meiner Zeit raubte. Am 17. August reiste ich alsdann direct nach Prag, Königgrätz und nach den Ortschaften des böhmischen Kriegsschauplatzes; ich sah daselbst circa 1500 Verwundete und verwendete meine Zeit in analoger Weise wie in Süddeutschland. Die mangelhaften Communicationsmittel machten sehr oft den Gebrauch von Extraposten nothwendig und Kost und Logis waren manchmal etwas primitiv. Ich lernte sowohl das Nachtlager auf Stroh als die da und dort excellirende böhmische Reinlichkeit gründlich kennen, und die Cholera, deren frostiger Empfang mir überall zu Theil wurde, trug das ihrige dazu bei, der Reise einen weniger comfortablen als pikanten Charakter zu geben. Ich verweilte in Böhmen 18 Tage, ging auf meiner Rückreise die Lazarethe Wiens cursorisch durch und langte am 3. September wieder zu Hause an.

Zwei Collegen, Stabsarzt Dr. Hirt aus Solothurn und der badische Feldarzt Dr. Töpfner waren, ersterer fast beständig, letzterer zeitweise, meine Reisebegleiter und verdanke ich beiden mehrere werthvolle Notizen zu meinem Bericht.

Der Empfang, der uns überall zu Theil wurde, war ein ausgezeichneter. Die schweizerische Uniform, das Conventionskreuz und unsere Empfehlungen kamen uns trefflich zu statten, und bringen wir hiemit allen Collegen hohen und niederen Ranges, allen Civilärzten und Professoren, allen hohen und subaltern Offizieren, welche uns mit Rath und That so freundlich entgegenkamen, unsern herzlichen Dank.

Ich fürchte nicht durch Veröffentlichung der Details meines gesammelten Materials irgend Jemandem vorzugreifen; bin ich ja überzeugt, dass eine Reihe gediegener Arbeiten bald folgen werden, neben welchen meine Skizzen ausser Gewicht fallen.

Art und Häufigkeit der Verletzungen.

Der Charakter der Verwundungen ist bedingt durch denjenigen der Geschosse und denjenigen der Kampfweise. — Von ersteren kommen vor Allem aus die verschiedenen Flinten-Projectilformen in Betracht, bei welchen die cylindroconische Vollkugel der Preussen einerseits und die cylindroconische Hohlkugel der Oesterreicher anderseits, sowie eines Theils des 9. Armeecorps zu unterscheiden sind.*) Es wird bekanntlich angenommen, dass die Hohlprojectile, wenn sie auf feste Widerstände der Armatur oder der Knochen gerathen, sich leichter verbreitern, selbst ganz zerstückeln und dadurch grössere Verheerungen, namentlich in Beziehung auf Knochenverletzungen zu bringen im Stande sind, als die cylindroconischen Vollkugeln. Mehrere Notizen aus der Wiener med. Wochenschrift vom Juli d. J. scheinen dies von Neuem zu bestätigen. Indessen im Ganzen schienen mir die Verletzungen durch die verschiedenen Flintenkugelformen nicht sehr von einander zu differiren. Vom preussischen Langblei überzeugte ich mich, dass es zwar enorme und häufige Knochenzertrümmerungen zu bewirken im Stande ist, dass es aber sehr selten neben einer Eingangsöffnung mehrere Ausgangsöffnungen zeigt, dass bei ihm ferner zwar innere und äussere Contourirungen vorkamen, aber im Ganzen weit seltener als bei den früheren sphärischen Geschossen. — Weit aus die meisten Schusskanäle bei Preussen, Oesterreichern und Süddeutschen waren sogenannte vollständige, und die Schüsse ohne Ausgangsöffnung gehörten zu den

---

*) Die bairischen Staugeschosse dürften in ihrer Wirkung zu den Hohlgeschossen sehr ähnlich sich verhalten.

ausnahmsweisen Vorkommnissen. — Die von der Artillerie geworfenen Geschosse bestunden, nach den Verwundungen zu schliessen, hauptsächlich in Granaten und Shrapnels. Die gar nicht selten vorgekommenen Granatsplitterverwundungen zeichneten sich aus durch ihre Malignität, durch die grossen Weichtheilzerstörungen, die nachfolgende profuse und oft schlechte Eiterung, die umfangreichen Knochenzertrümmerungen und durch den intensiven Entzündungsreiz, den die im Körper zurückgebliebenen unregelmässig und kantig geformten Fragmente erzeugten. Dagegen waren die bei den früher angewandten Vollgeschossen der Artillerie ziemlich oft vorgekommenen Knochenbrüche bei unverletzten Weichtheilen, sowie ganz oder theilweise weggerissene Glieder, aus den Lazarethen wenigstens, fast ganz verschwunden. — Die Kampfweise des letzten Krieges war von derjenigen in Italien 1859 und Schleswig 1864 wesentlich verschieden, weder Belagerungskrieg noch Bajonettangriffe, noch Strassenkampf, sondern überall offene Schlacht und Entscheidung derselben durch Artillerie- und Kleingewehrfeuer; wenig Cavallerieangriffe; daher auch kein Vorwiegen der Verletzungen der oberen Körperhälfte, kein besonderer Verlauf der Schusskanäle, wenig Säbelhiebe und unter den mir zu Gesichte gekommenen Verwundeten Süddeutschlands kaum ein halbes Dutzend Bajonettstiche, welche einzelnen angegriffenen Patrouillen beigebracht worden zu sein scheinen.

Einen ungefähren Begriff des Verhältnisses zwischen der Zahl der abgefeuerten Schüsse und der Zahl der Todten und Verwundeten mag folgende Ueberlegung geben.

Ploeniess in seinem neusten Werkchen über die Hinterladungsgewehre (Darmstadt, 1867) zieht nach den Erfahrungen der neusten Kriege den Schluss, dass, um einen Gegner ausser Gefecht zu setzen, 143 Schüsse nöthig sind. Nach der vor einigen Tagen veröffentlichten bairischen Verlustliste beträgt die Zahl der todten und verwundeten Baiern 2198; um so viel Kampfunfähige zu erzeugen, hätten demnach die Preussen 314,314 Schüsse abgeben müssen. Wie manche Million von Schüssen demnach in Böhmen gefallen sein müssen, lässt sich hieraus ungefähr ahnen.*) Aus derselben Verlustliste geht hervor, dass das Verhältniss der Todten zu den Verwundeten sich wie 1 : 6 stellt; eine Proportion, die ziemlich constant zu sein scheint, da Löffler aus dem Kriege gegen Dänemark annähernd dasselbe Verhältniss citirt.

Die statistische Frage der Zahl der Verwundungen nach den verschiedenen Körpertheilen ist eine durch die bisherigen Arbeiten noch nicht erledigte; letztere berücksichtigten bis dahin die auf dem Schlachtfeld gebliebenen Todten gar nicht und es mussten daher manche ungenaue Schlüsse gezogen werden; Löffler**) ist der erste, welcher aus dem Kriege gegen Dänemark eine diesen Fehler umgehende Statistik liefert. Im diesjährigen Kriege war die Controlle über die Todten eine nur auf die Gesammtzahl derselben sich beziehende. Es wurden zwar, so liess ich mir berichten, Aerzte mit aufs Schlachtfeld commandirt, welche der Beerdigung beizuwohnen und die auch in unserm Reglement vorgeschriebenen Notizen zu machen hatten. Von Untersuchung der Wunden, Feststellung der Persönlichkeit der Leiche und einem Rapport hierüber konnte indess keine Rede sein. Die ungewöhnlich rasche Aufeinanderfolge der Gefechte, die tägliche Dislocirung der Truppen verbunden mit

---

*) Bei Druck meines Berichtes war die österr. Verlustliste noch nicht erschienen.

**) Löffler, k. preuss. Generalarzt, Generalbericht über den Gesundheitsdienst im Feldzuge gegen Dänemark.

einem Mangel an genügender Anzahl Aerzten und
Krankenwärtern, die bei den Verwundeten zurückgelassen werden konnten, machten die Ausführung dieser
Massregel zur Unmöglichkeit. Und dennoch gehört sie,
meines Erachtens, ebenfalls zum Militairsanitätsdienst
unserer Zeit. Es würde dadurch nicht nur die wissenschaftlich medizinische Ausbeute vermehrt, sondern es
wäre dies auch die einzige Möglichkeit, um eine genaue
Vergleichung der stattgehabten Wirkung von Infanterie,
Artillerie und Cavallerie zu bekommen; hauptsächlich
aber könnte man auch eine Pflicht vollständiger erfüllen,
welche man gegenüber den Angehörigen der Gefallenen
hat: es könnten genauere und promptere Verlustlisten
geliefert werden. Hiezu wäre ausser Vermehrung des
Sanitätspersonals, worüber einlässlicher an einem andern Ort, nur die Vorsicht zu treffen nothwendig, dass
bei Beginn eines Feldzuges jedem Soldaten z. B. auf
die Innenseite des Rockkragens, wie bei der österreichischen Armee, oder des Patrontaschendeckels, bei
Artillerie, Offizieren etc. auf die Innenseite der Ceinturons Name und Heimath eingeschrieben würde. Nur
ausnahmsweise werden diese Theile der Equipirung verloren oder verwechselt und die nach der Schlacht ausgesandten Sanitätspatrouillen könnten leicht und sicher
ein vollständiges Verzeichniss der Gefallenen, ihrer Verwundungen und der Lage ihrer Gräber anfertigen. Wenn
ich mich erinnere an die mannigfachen Uebelstände,
welche auch im diesjährigen Kriege in dieser Beziehung
vorkamen, an die zahlreichen Besuche in den Lazarethen,
welche ihre Angehörigen suchten und nicht fanden, weil
sie zu den Todten zählten, — an die Annoncen in
militairärztlichen und andern Blättern, durch welche um
Auskunft über Todtvermuthete gebeten, — an die Tausende von Briefen, welche in einzelnen Postgebäuden

angehäuft und von denen wohl eine ansehnliche Zahl an bereits Verblichene gerichtet war, — an die Versuche, durch Wiedereröffnen der Gräber und Ausgraben der Leichen sich aller Zweifel über das Schicksal einzelner Vermisster zu entheben, — und wenn ich mich endlich der Tausenden von Familien erinnere, welche, in der peinlichsten Ungewissheit über das Schicksal der Ihrigen, keinen sehnlicheren Wunsch haben als dieselbe zu beseitigen und doch nicht im Stande sind, hiefür irgend Etwas zu thun, so scheint mir die zukünftige Berücksichtigung dieses Uebelstandes ein Postulat humaner Kriegführung zu sein.

Um es gleich hier zu erwähnen, liesse sich mit Durchführung dieser Massregel zugleich eine genauere Ueberwachung des Schlachtfeldes verbinden. Es ist bekannt, dass in Böhmen die Todten von Unberufenen beraubt worden sind; ich selbst liess mir in Königgrätz von einem sächsischen Militairarzt erzählen, welcher mehrere Tage mit dem Aufsuchen einer Offiziersleiche in den Gräbern des Schlachtfeldes beschäftigt war, dass der glücklich entdeckte Leichnam selbst bis auf die goldenen Offizierssterne am Kragen seiner Werthgegenstände entblösst war.

Eine Anzahl nicht zu schwacher Sanitätspatrouillen könnte neben ihrer obenangeführten Mission die Polizei auf dem Schlachtfelde üben.

Ich kehre zur Statistik der Verwundungen nach den verschiedenen Körpertheilen zurück. Bei meinem Besuch in den Lazarethen Süddeutschlands frappirte mich die Häufigkeit der Verwundungen der untern Extremitäten; einzelne militairische Journale berichteten von derselben Thatsache auf dem böhmischen Kriegsschauplatz, ohne genügende Gründe zur Erklärung derselben anführen zu können. Allein einerseits gebt das Ueber-

gewicht der Wunden der obern und untern Extremität
über diejenigen der übrigen Körpertheile aus allen
mir zu Gesichte gekommenen früheren Kriegsstatistiken
übereinstimmend hervor, und anderseits hat Löfflers
citirte und unmittelbar vor dem letzten Kriege erschie-
nene Arbeit bewiesen, dass dieses Uebergewicht ein zum
Theil nur scheinbares und durch die geringe unmittel-
bare Tödtlichkeit der Extremitätenverletzungen bedingt
ist. Nach Löffler tödten unmittelbar, von den Kopf-
schüssen fast die Hälfte, von den Rumpfschüssen die
Hälfte, von den Halsschüssen beinahe $1/5$, von den Ex-
tremitätenschüssen 2 Procent. — Obwohl ich nun zur
allfälligen Aufklärung dieser Thatsache auf dem süddeutschen Kriegsschauplatz ebenfalls statistische Notizen
zu sammeln bemüht war, so konnte ich dennoch keine
Zahlen von Werth bekommen, weil ein grosser Theil
des Materials sich meiner Beobachtung bereits entzogen
hatte. Von sämmtlichen Verwundeten aus den Gefechten
Süddeutschlands war mir vergönnt, 858 persönlich zu
sehen und mir ihre Verwundungen zu notiren; die
übrigen waren entweder gestorben oder evacuirt nach
einer grossen Zahl entfernterer, von meiner Route zu
weit abliegender Ortschaften. Unter den Evacuirten befanden sich, nach Aussage der dirigirenden Aerzte,
hauptsächlich Leichtverwundete im Allgemeinen und
speziell solche mit Verwundungen des Kopfes, Rumpfes
und der obern Extremitäten, während die Verletzungen
der untern Extremitäten, auch die leichtern, möglichst
wenig transportirt wurden. Hieraus folgt, dass in einem
Procentverhältniss über die von mir gesehenen Verwundungen die Zahl für die untern Extremitäten zu
gross ausfallen müsste. In der That finde ich, wenn
ich meine Zahlen mit denjenigen früherer Statistiken
vergleiche, dass meine Procente für die untern Extre-

mitäten etwa um ⅕ grösser ausfallen. Meine Zahlen lauten:

Verletzungen des Kopfes: 5,5 Proc.
» » Halses: 1,4 »
» » Rumpfes: 13,0 »
» der obern Extremitäten: 22,6 »
» » untern Extremitäten: 57,5 »

während andere Statistiken für die untern Extremitäten die Procentzahlen

41 Löffler } aus dem Kriege gegen Dänemark,
36 Dyoerup

38 Barnes aus dem amerikanischen Unionskriege bringen. Höchst wahrscheinlich sind die Verhältnisse der Verletzungen der verschiedenen Körpertheile in diesem Kriege ganz ähnliche geblieben, wie in den früheren, und konnte ich bei meinen Nachforschungen über die Einflüsse des Terrains und der Kampfweise keine Momente finden, welche das Erscheinen einer abnorm grossen Zahl Verletzungen der untern Extremitäten genügend zu erklären im Stande wären. Bedenkt man indessen, dass nach meiner ungefähren Berechnung von der ganzen Körperoberfläche diejenige der beiden untern Extremitäten 39 % ausmacht, während diejenige

des Kopfes . . . . 7 Proc.
» Halses . . . . 2 »
» Rumpfes . . . . . . 36 »
der obern Extremitäten . . . 16 »

beträgt, so liegt nahe anzunehmen, dass auf die grösste Oberfläche die meisten Schüsse fallen. Löfflers Tabelle, bei welcher, wie oben schon bemerkt, die Gefallenen mit eingerechnet sind und welche folgendermassen lautet:

Kopf . . . . 20 Proc.
Hals . . . . 2 »
Rumpf . . . . 21 »

Obere Extremitäten . . . 26 Proc.
Untere Extremitäten . . 31 „

scheint zwar beim ersten Anblick nicht für die Richtigkeit dieses Schlusses zu sprechen. Indessen lassen sich hier noch folgende Ueberlegungen machen: Löfflers Zahlen datiren aus einem theilweisen Belagerungskriege; der Autor selbst bezeichnet die Procente der Kopfverletzungen als abnorm hoch und bedingt durch den Schutz, welchen die übrigen Körpertheile hinter den landesüblichen Knicks (dichte Hecken) und den Lauf- und Schützengräben fanden; in andern Kriegen war die Zahl der Kopfverletzungen etwa um die Hälfte kleiner und würde sich dann der Procentzahl 7, welche der Oberfläche des Kopfes entspricht, ziemlich nähern. Die Zahl 2 für den Hals ist dieselbe in beiden Tabellen und findet sich auch in manchen andern dieses Thema betreffenden Statistiken. Demme*) erklärt sich die Kleinheit dieser Zahl theilweise aus dem Schutze, welchen die Cravatte dem Halse gewährt, theilweise aus der grossen Gefährlichkeit der Halsschüsse, in Folge welcher wenige Halsverletzungen noch in die Lazarethe kommen. Indessen dürfte eine nicht vollständig matte Kugel kaum durch eine Cravatte, wie sie jetzt die Armeen tragen, abgehalten werden, und die Tödtlichkeit der Halsverletzungen ist, nach der Arbeit Löfflers, keine so grosse, sondern beträgt nur 17 °|₀. Durch Berücksichtigung der geringen Oberfläche des Halses dürfte fragliches Verhältniss eine natürlichere Erklärung finden. — Die beiden Zahlen für den Rumpf und die obern Extremitäten widersprechen sich in den beiden Tabellen; für erstern ist die Zahl der Verletzungen im Verhältniss zur Körperoberfläche zu klein, für letztere zu gross. Allein bedenkt man,

---

*) Demme, Militairchirurgische Studien.

dass dem Rumpfe ein gewisser Schutz zu Theil wird, sowohl durch den Tornister als vielleicht auch durch das Lederwerk von Säbel und Patrontasche, hauptsächlich aber durch das beständige Hin- und Herbewegen der Arme und Hände vor dem Rumpfe bei den Manipulationen des Ladens und Schiessens, wodurch der Rumpf geschützt und die oberen Extremitäten mehr ausgesetzt werden, und bedenkt man ferner, dass die Hälfte der Procente, welche in der Löffler'schen Tabelle den Kopfverletzungen zufallen, in offenen Schlachten sich hauptsächlich auf Rumpf und untere Extremitäten vertheilen werden, so lassen sich die bezüglichen Zahlen der beiden Tabellen in einen gewissen Einklang bringen. Die untern Extremitäten endlich zeigen die grösste Oberfläche und die meisten Verletzungen; dass letztere in der Löffler'schen Tabelle noch um einige Procente zurückstehen, dürfte abermals in dem Charakter des Krieges, aus welchem diese Tabelle herstammt, seinen Grund haben. Untersuche ich das Verhältniss, welches zwischen der Häufigkeit der Verletzungen und der Grösse der Oberfläche der zwei Hauptparthien der untern Extremität, Oberschenkel und Unterschenkel, besteht, so findet sich auch hier eine auffallende Bestätigung meiner Annahme. Nach meiner Berechnung fallen von der Gesammtoberfläche der untern Extremität 54 % auf den Oberschenkel und die Hüftgelenkgegend, und 46 % auf Unterschenkel und Fuss. Von 494 von mir in Süddeutschland notirten Verletzungen der untern Extremität kommen 266 auf den Oberschenkel vom Hüftgelenk bis zur Mitte der Kniescheibe, und 228 auf die von dort abwärts liegenden Parthien, was einem Procentverhältniss von 54 : 46 entspricht. Analoge Zahlen hat Demme aus dem italiänischen Feldzug. Von 2296 Verletzungen der untern Extremität fallen circa 55 % auf die Hüftgelenkgegend, Oberschenkel und Hälfte des Knies; und circa 45 %, auf die andere Hälfte des Knies, auf den Unterschenkel und den Fuss. Ich möchte demnach annehmen, dass die Voraussetzung eines directen Verhältnisses zwischen der Grösse der Körperoberfläche und der Zahl der Verletzungen, durch die Statistik des diesjährigen Krieges ihre Bestätigung finden wird.

Die Behandlung der Schusswunden im Allgemeinen.

Der erste Verband war, nach vielfachen Aussagen, ein höchst einfacher; feuchte Compresse und dreieckiges Verbandtuch. Bei den mit Knochenfracturen complizirten Wunden, namentlich der untern Extremitäten, traten die Sorge für passende Transportverbände und passende Unterkunft in der Nähe des Schlachtfeldes als erstes Postulat der Behandlung in den Vordergrund. Hierüber Näheres bei specieller Besprechung der Extremitätenverletzung, des Krankentransportes und des Zelt- und Barakensystems. Natürlich wurde gleichzeitig für Entfernung ganz loser Knochensplitter und leicht zugänglicher Projectile unter Zuhülfnahme hauptsächlich der Digitaluntersuchung, für Blutstillung und wenn möglich Erquickung der Verwundeten gesorgt. Die blutige Erweiterung der Schussöffnungen wurde möglichst vermieden, jedoch ja nicht ganz verbannt; mit Recht wohl betrachtet man die Knochensplitter als die gefährlichsten Fremdkörper und wo ihre Loslösung vom Periost constatirt war, scheute man auch eine zu ihrer Entfernung nothwendige Dilatation der Wunde nicht. — Zur Sondirung der Wunde bediente man sich, wenn der Finger nicht ausreichte, einfach des Katheters, wozu die in unserm Sackbesteck vorgeschriebenen Katheter mit Schraubengewind und beweglichen Endstücken recht praktisch sein dürften, wenn auch ein weiblicher Ansatz vorhanden ist. Die Nelaton'sche Porcellansonde sah ich nicht zur Anwendung kommen. Zur Extraction der Kugeln und deren Fragmente sah ich neben der Kornzange da und dort den amerikanischen Kugelzieher, mit seinen langen, schmalen Branchen und seinen sicher fassenden Häckchen in Anwendung bringen; derselbe schien mir recht zweckmässig. Im Uebrigen möchte ich mich der Ansicht derjenigen anschliessen, welche rathen, so bald nicht vollständig genügendes ärztliches Personal auf dem Verbandplatze vorhanden ist, mit Kugelextractionen bei leichteren Verletzungen keine Zeit zu verlieren, sondern der weit wichtigeren Aufgabe der Ausführung primärer Amputationen und Resectionen und der Application inamovibler Verbände obzuliegen.

Bei der Wundbehandlung in den Lazarethen strebte man vor Allem aus nach Reinlichkeit, als eine der wichtigsten Bedingungen für einen günstigen Wundverlauf. In einzelnen Spitälern, wo Lokal, Utensilien und genügendes Personal es erlaubten, wurde dieselbe musterhaft durchgeführt. In den meisten Fällen und in den meisten Lazarethen wurden die Wunden täglich zweimal verbunden; erst wenn die Eiterung im Abnehmen war, begnügte man sich, täglich einmal zu verbinden. Die verschiedenen Verbandarten, welche ich anwenden sah, waren, der trockene, der feuchte und der Oelverband; der unmittelbar auf der Wunde liegende gegitterte Leinwandlappen wurde dabei entweder trocken aufgelegt oder in laues Wasser, Chamomillenthee, Chlorwasser oder Oel getaucht; darüber kam ein Bausch ungeordneter Charpie, die zuweilen ebenfalls in diese Verbandflüssigkeiten getaucht, zuweilen trocken aufgelegt wurde; das Ganze bedeckt mit einem Stück impermeablen Stoffes, worunter ich namentlich die gewalzte Guttapercha hervorheben möchte, und endlich, wenn zur Befestigung des Ganzen nöthig, ein dreieckiges Verbandtuch. Ich kenne keine Thatsachen, welche mich veranlassen könnten, die eine oder die andere dieser Verbandarten entschieden zu empfehlen. Zur Schonung der Bettstücke und der Reinlichkeit überhaupt bedarf ein grosser Theil der Verwundeten einer impermeablen Unterlage und dürfte auf die grosse Quantität, welche hiebei nöthig ist, bei einer allfälligen Kriegsbereitschaft speziell Rücksicht genommen werden. — Theils vor, theils neben der Anwendung dieses Verbandes wurde ein umfangreicher Gebrauch von der Kälte gemacht; theils in Form von Guttapercha-Eisbeuteln, theils, wo diese fehlten, in Form von Compressen in Eiswasser getaucht. Bei einzelnen Verwundungen, namentlich Gelenkverletzungen, wurde das Eis wochen- und monatelang mit gutem Erfolge fortgesetzt, während in der Regel bei beginnender Eiterung dasselbe dem einfachen Verbande Platz machte. Die von Basel aus besorgten Eisvorräthe sind mit grosser Anerkennung in Süddeutschland aufgenommen worden, nur scheint die Verpackung anfangs eine ungenügende gewesen und ein Theil der Vorräthe zu Grunde gegangen zu sein. Wenn immer möglich sollte in den Lazarethen, wo Eisbehandlung stattfindet, für kleinere, in den Lokalitäten selbst aufstellbare Eisbehälter gesorgt werden, wie ich solche in verschiedenen Lazarethen Wiens getroffen habe. Dieselben waren von einem Wiener Fabrikanten, Anton Wiesner, verfertigt und bestehen aus einem circa 3 Schuh hohen quadratischen Holzkasten, welcher mit doppelten eine Schicht Eiswasser einschliessenden Zinkwänden ausgekleidet ist, die den Raum abkühlen, in welchem die

Eisklötze aufbewahrt werden; das Kühlwasser kann durch einen Hahn abgelassen und erneuert werden. Hiedurch kann nicht nur bedeutend an Eis erspart, sondern die Arbeit des Dienstpersonals bedeutend erleichtert werden. Der Apparat soll bei der österr. Armee in Italien ebenfalls angewandt worden sein. Die Kälte war so ziemlich das einzige angewandte Antiphlogisticum; ich sah und hörte sehr selten von allgemeinen und örtlichen Blutentziehungen, und scheinen diese letzteren immer mehr auch aus der Kriegspraxis verdrängt zu werden. — Die im Stadium der Eiterung im italiänischen Feldzug noch so häufig angewandten, im Kriege gegen Dänemark aber fast ganz ausser Gebrauch gewesenen Cataplasmen, sah ich nie anwenden. Jedesmal heim Wechsel des Verbandes wurde die Wunde mit Hülfe der treffliche Dienste leistenden Irrigatoren gereinigt. Von den zwei Modificationen dieses Apparates schien mir diejenige mit beweglichem Kautschukschlauch der fixen, spritzkannenähnlichen Röhre deswegen vorzuziehen, weil erstere auch bei weniger zugänglichen Schusskanälen, z. B. an der hintern Seite der untern Extremität, leichter anwendbar ist; indessen kann bei der Spritzkannenconstruction ein Kautschukschlauch ebenfalls auf das unbewegliche Ansatzrohr applizirt werden. Die Wunde kann dadurch bequem und vollständig gereinigt und Wundspritze und Schwamm, diese Feinde der Reinlichkeit, ganz vermieden werden. Der Irrigator darf in keinem Kriegslazarethe fehlen. Hatten die Wunden ein schlechtes Aussehen, so wurde die Irrigation mit Chlorwasser oder übermangansaurem Kali gemacht; letzteres in einer Lösung von 1 Scr. auf 1 Uz.; davon ungefähr 2 Unzen auf einen Irrigator. Wie weit die Wirkung dieser Reinigungsflüssigkeiten geht, und welche von beiden vorzuziehen sei, kann ich nicht entscheiden. —

Die gebrauchten Verbandstücke wurden in Verbandschüsseln oder, was ich zur Nachahmung empfehlen möchte, in grossen blechernen Zubern mit einem zur Hälfte aufschlagbaren Deckel gesammelt. Offene Verbandschüsseln, die von Zimmer zu Zimmer, von Zelt zu Zelt getragen werden, helfen die Lokale verpesten, oder wenn man sie während der Visite einigemal leeren lässt, so wird ihr Inhalt von den Wärtern in die Aborte, einen sehr unpassenden Ort geworfen; ein leicht zu öffnender und zu schliessender Behälter kann während des ganzen Verbandgeschäftes gebraucht und der intensive Geruch seines Inhaltes unschädlich gemacht werden. Das Wegschmeissen dieses Feindes einer guten Lazarethluft in eine etwas entfernte Grube und das tägliche Bedecken derselben mit einer Schicht Erde muss, wie ich mich öfter überzeugte, überwacht werden, sonst geschieht es nicht. — In den Abtheilungen der Operirten wurde da und dort die Vorsichtsmassregel beobachtet, dass alle Verbandutensilien vom übrigen Material getrennt und nur hier verwendet wurden, dass man den Fussboden häufig mit feuchten Tüchern reinigte und dass stets offene Gefässe mit Chlorkalk in den Zimmern plazirt wurden. Um die für die fiebernden Verwundeten so wohlthätige Ruhe im Lazareth aufrecht erhalten zu helfen, bemerkte ich zuweilen sogar die Anordnung, dass sämmtliche Krankenwärter mit Pantoffeln versehen wurden.

Die Diät aller Verwundeten war eine reichliche, kräftige, mit Wein oder Bier verbundene, gleich von Anfang; man suchte den durch Fieber und Eiterung gesteigerten Säfteverlust durch die Nahrung zu ersetzen und den Verwundeten möglichst bei Kräften zu erhalten. Operirten und Schwerverwundeten sah ich öfters alle zwei Stunden Fleischbrühe mit Fleischextract (badischer

Spital in Tauberbischofsheim) und reichliches Getränk reichen. — Innerliche Medicamente wurden wenige gebraucht; ausser Sorge für regulären Stuhl wurden kühlende Getränke, Limonaden, Nitrum gereicht. Dass bei Schwerverwundeten eine laxirende Wirkung und die damit verbundene Beunruhigung des Kranken vermieden wurde, versteht sich von selbst. — Bei dieser Gelegenheit glaube ich eine zweckmässige Modification der gebräuchlichen Leibschüssel erwähnen zu sollen, welche ich im Garnisonsspital Nr. II in Prag zu sehen bekam. Die Wartmann'sche Leibschüssel ist an dem unter den Kranken zuschiebende Rande bedeutend schmal und flach zulaufend und kann dadurch fast ohne Bewegung des Kranken applizirt werden. Von den Wundcomplicationen werde ich Hospitalbrand und Pyämie in eigenen Abschnitten besprechen, hier sei nur mit zwei Worten der Brand erwähnt, den ich in einigen wenigen Fällen zu beobachten Gelegenheit hatte. Ich erinnere mich namentlich zweier Verwundungen, einer Zerschmetterung des Ellenbogengelenks und einer solchen des Kniegelenks, bei welchen beiden zur Amputation Zuflucht genommen werden musste; ersterer Fall heilte, im zweiten Falle trat das Gangrän am Stumpfe abermals auf, konnte aber durch energische Aetzungen mit Jodtinctur vollständig besiegt und der Kranke gerettet werden.

Hospitalbrand.

Es darf wohl als eine erfreuliche Erscheinung dieses Feldzugs bezeichnet werden, dass diese Geisel der Kriegsspitäler, wie sie vor Kurzem noch bezeichnet wurde, sich verhältnissmässig so sehr selten gezeigt hat. Es ist kein Zweifel, dass in dieser Beziehung die kurze Dauer des Krieges ein gewichtiges, günstiges Moment ausgemacht hat; indessen, wenn man sieht, wie vom Krimmfeldzug 1855 zu den Kriegen der Jahre 1859, 1864, 1866 successive die Verminderung des Nosocomialgangräns gleichen Schritt zu halten scheint mit der besseren Pflege für die Verwundeten, so muss auch im diesjährigen Feldzug den zweckmässigeren hygienischen Massregeln ein Theil des Verdienstes zukommen, dass es zu keiner epidemischen Entwicklung des Wundtyphus kam. Nach Baudens forderte der Spitalbrand in der Krimm ausserordentlich viel Opfer; in den italiänischen Lazarethen 1859 war er nach Demme, keineswegs eine seltene Erscheinung, während Ochwadt bemerkt, in seinen „kriegschirurgischen Erfahrungen während des Krieges gegen Dänemark 1864", Nosocomialbrandformen seien nicht beobachtet worden und diphtheritische Wunden gehörten zu den Ausnahmefällen.

Mein Besuch in den Lazarethen Süddeutschlands fiel in die erste und dritte Woche und in Böhmen in die fünfte bis achte Woche nach den Gefechten; ich traf in dieser Periode nur 25 Fälle von Hospitalbrand unter circa 2500 Verwundeten, und die Aerzte antworteten mir auf meine Nachfragen nach früher aufgetretenen Fällen, dass sich solche nur sehr vereinzelt gezeigt. Natürlich sind hierunter nur die ausgesprochenen Fälle von Nosocomialgangrän verstanden, während die Uebergangsformen, wie ich sie da und dort in ungenügend ventilirten Lazarethen fand und die als „schlecht aussehende Wunden" bezeichnet werden, nicht mit inbegriffen sind. Ich traf beide Formen, die pulpöse und die ulceröse, und der von Virchow und Pitha eingeführte gemeinschaftliche Name der Wunddiphtheritis hatte sich mancherorts schon Eingang verschafft. In der That schien auch mir sich ein näherer Zusammenhang zwischen

Hospitalbrand und diphtheritischen Processen durch zwei Thatsachen zu bestätigen: In Prag fiel im Garnisonsspital Nr. I das Auftreten einer etwas grössern Zahl gangränöser Wundflächen zusammen, mit dem Erscheinen einer bedeutenderen Anzahl Choleraerkrankungen, und befanden sich am 19. August daselbst 13 Fälle von Wunddiphtheritis und 43 Cholerafälle. In Laufach (süddeutscher Kriegsschauplatz) bekamen, gleich nach dem Auftreten eines heftigen Scharlachfalles unter den Verwundeten, eine grosse Anzahl von Wunden ein schlechtes Aussehen. Es ist bekannt, dass Virchow die grosse Häufigkeit der Diphtheritis bei Cholera nachgewiesen hat und dass bei bösartigen Scharlachepidemien nicht selten Rachen-Diphtheritis vorkommt.

Ueber die Frage, ob der Hospitalbrand eine epidemisch-miasmatische oder eine in Spitalverhältnissen begründete Krankheit sei, konnte ich mir aus meinen Beobachtungen keine entscheidenden Facta abstrahiren. Nur in wenigen Fällen indessen konnte ich das Auftreten diphtheritischer Wunden mit Bestimmtheit in Zusammenhang bringen mit ungünstigen Lokalverhältnissen; z. B. in einem alten, für Ventilation ungünstig gebauten, mit sehr schlechten Aborten versehenen Schulhaus, auf welches sich, trotz der Anwesenheit 4 anderer Lazarethe, die ausgesprochene Krankheit beschränkte. In Reichenberg trat ein Fall von Gangrän in der Nähe des Abtrittes auf. Dass dagegen die Affection von mir in Lokalen getroffen wurde, welche ich in Beziehung auf Ventilation und Reinlichkeit zu den trefflich gehaltenen zählen musste, wie im Garnisonsspital Nr. I in Prag, in der Reitschule des Schwarzenberg'schen Palais in Wien, sprach mir entschieden für den epidemisch-miasmatischen Charakter derselben. Die Thatsache, dass ich auch in Privatzimmern bei verwundeten Offizieren Nosocomialgangrän fand, bestätigte mir zwar den Ausspruch Pitha's, dass die Krankheit sich nicht nur auf Spitäler beschränke, lieferte mir aber keinen Beweis für den epidemisch-miasmatischen Charakter derselben, denn, wie ich bei Besprechung der Pyämie näher berühren werde, sind die Privatkrankenzimmer durchaus nicht immer die reinlichsten und best ventilirten. Dass bestimmte Wundformen zu Gangrän disponiren, habe ich nicht beobachtet; ich fand dieselbe sowohl bei Amputirten als bei complizirten Schussfracturen, Gelenkschüssen und Fleischschüssen; von letzteren fiel mir auf, dass drei in der Glutealgegend vorkamen.

Der eine Fall betraf einen bairischen Infanteristen mit einem Prellstreifschuss beider Hinterbacken durch eine Vollkugel; die Gegend beider Glutaei, anfangs nur in geringem Umfang der Epidermis entblösst, aber bedeutend contundirt, lag in Folge Complication mit Hospitalbrand bloss, der Gluteus maximus theilweise zerstört, und die $\frac{1}{2}''$ bis $1''$ tiefen Wundränder wie ausgemeisselt. Der zweite Fall betraf einen österreichischen Verwundeten im Garnisonsspital Nr. 1 in Prag, bei welchem die rechte Gluteusgegend bis auf den Sitzknorren wegpräparirt schien und die Verzweigungen des Nerv. ischiadicus, sowie die tiefern Muskelschichten vollständig bloss gelegt waren. Den dritten Fall sah ich im Stadtgarten in Wien, bei welchem sich zu einer handballengrossen Granatstreifschusswunde am linken Hinterbacken Tetanus gesellte, welcher mit Heilung des Gangräns wieder verschwand.

Aeusserst günstig verhielten sich die von mir beobachteten Fälle prognostisch; ich hörte von einem einzigen Todesfall und von denjenigen, die ich gesehen, konnte nur bei sehr Wenigen eine dubiose Prognose gestellt werden; fast alle befanden sich entschieden auf der Besserung. — In Beziehung auf die Therapie schien man darüber einig, dass weder das Zusammendrängen Gangränöser in ein Zimmer, noch das Liegenlassen derselben unter den andern Kranken zweckmässig sei, weil im erstern Falle die Affection sich bei den Befallenen oft steigern und im letztern Falle der nicht zu läugnenden Uebertragung des Brandes durch die Verbandstücke Vorschub geleistet werde. Man versetzte daher die Kranken in auf einer Seite ganz geöffnete Gartenhäuser, und isolirte sie dadurch nicht nur von den übrigen Verwundeten, sondern verhinderte auch durch die Möglichkeit einer freien Luftcirculation best möglichst den gegenseitigen ungünstigen Einfluss der einzelnen Kranken auf einander. Die örtliche Behandlung bestund in leichtern Fällen in einem Verband mit Kali-chloric.-Lösung, übermangansaurem Kali, oder Acid. pyrolignos. in schwereren Fällen wurde mit Jodtinctur oder perchlor ferri die Wunde tüchtig ausgerieben; sehr selten wurde zum ferrum candens gegriffen. Die beim nosoc. Gang. zuweilen vorkommenden Blutungen wurden am besten mit perchlorid ferri gestillt.

Tetanus.

Es gelang mir nicht, den Schleier, welcher über Wesen und Entstehung dieser Krankheit noch gedeckt ist, nach irgend welcher Richtung erklecklich zu lüften, und meine 15 Beobachtungen von Trismus und Tetanus lehrten mich, dass weder Lazarethconstitution, noch epidemische Einflüsse als ætiologische Momente bezüchtigt werden konnten, und dass weder eine Beziehung des Tetan traumat. zu Pyämie, Cholera, Typhus oder Erkältungen vorhanden war. — Die Symptomatologie betreffend, möchte ich auf die genaue Schilderung Demme's verweisen und nur beifügen, dass auch ich, entgegen der Behauptung Neudörfers, in den ausgesprochenen Fällen bedeutende Temperaturerhöhung und Pulsfrequenz gefunden habe.

Die den Wundstarrkrampf veranlassenden Verletzungen, welche ich gesehen, rubriziren sich folgendermassen:

Fleischschüsse der untern Extremität . . . . 2.
Doppelverletzungen der obern u. untern Extremitäten, theils Fleisch-, theils Knochenschüsse 3.
Schussfracturen der obern u. untern Extremitäten 3.
Amputationen und Resectionen { Trismus . . 3.
Tetanus . . 3.
Brustschüsse . . . . 1.

Von zurückgebliebenen Projectilen, die in Zusammenhang mit dem Ausbruch des Tetanus zu bringen wären, besitze ich folgende Notizen:

Nur in einem Falle kenne ich das Resultat des Sectionsbefundes, bei welchem in der planta pedis zwei Schuhnägel und ein Stück Blei gefunden wurden, welches einen Hautnervenast getroffen hatte; derselbe war in der Länge eines Zolls deutlich verdickt. In einem andern Fall wurde nach bereits aufgetretenem Tetanus ein kleiner Granatsplitter aus der Wunde gezogen. — Ein dritter Fall zeichnete sich dadurch aus, dass der Tetanus erst bei beginnender Vernarbung der Wunde aufgetreten und möglicherweise diese ähnlich wie ein Fremdkörper gewirkt haben mag.

Verletzungen der Finger und Zehen sind gar keine dabei, also auch hier eine Bestätigung der schon mehrfach gemachten Beobachtung, dass dieselben nicht besonders zu Tetanus disponiren. Demme und Andere heben das vorwiegende Vorkommen des Tetanus bei Verletzungen der Extremitäten überhaupt hervor: allein diese Erscheinung hat ihren Grund offenbar in der in den Lazarethen überwiegenden Zahl dieser Verletzungen überhaupt,*) und wenn auch in meinen Fällen diese Art Verletzungen weitaus die häufigsten sind, so werde ich mich dennoch hüten, denselben desshalb eine grössere Disposition zu Tetanus zuzuschreiben. Auf demselben allgemeinen Verhältniss der Schusswunden zu einander beruht es wohl, dass so wenig Tetan. bei Brustschüssen beobachtet wird. — Als Raritäten muss ich daher sowohl den perforirenden Lungenschuss bezeichnen, den ich in dem böhmischen Schloss Hradeck sah,**) als auch die 3 Fälle von Starrkrampf bei Operirten, von welchen selbst der erfahrne Pyrogoff im Krimmkriege keinen Fall gesehen hat.

Die hoffnungslosen Aussichten auf Heilung der ausgebildeten Fälle von Tetanus traumaticus sind bekannt. Demme beobachtete 8 % Heilungen, Pyrogoff sah keinen Heilungsfall, Ochwadts 4 Fälle aus dem letzten schleswigholsteinschen Krieg endeten tödtlich. Ueber das Schicksal der von mir gesehenen ausgesprochen Tetanischen kann ich in 8 Fällen bestimmte Auskunft geben; die Hälfte davon starben, die andere Hälfte genasen. Indessen wage ich nicht, hieraus einen Schluss zu ziehen in Beziehung auf die Procentverhältnisse der Mortalität; es genügt mir, die Prognose des Tetanus durch diese 4 Heilungsfälle etwas günstiger stellen zu helfen, als sie bis jetzt war.

Die Therapie bestund in innerlicher Anwendung von Tinct. Opi. simplex (Aschaffenburg), in Morphiuminjectionen mit Bädern und Chloroform (Würzburg, Königgrätz, Wien), und in Curare-Injectionen. (Hradeck in

---

*) Siehe Kapitel über Häufigkeit der Schussverletzungen nach den Regionen.
**) Demme fand unter 140 Fällen keinen einzigen tetanischen Brustschuss.

Böhmen — preussische Aerzte. — Tauberbischofsheim — badische Aerzte.) Die Heilungen traten ein, einmal unter Gebrauch von Opiumtinctur während 17 Tagen, einmal unter Gebrauch von Morphiuminjectionen mit Bädern, zweimal unter subcutaner Anwendung von Curare, ⅕ Gran der wässerigen Lösung täglich 4 Mal injicirt, während 18 und während 20 Tagen. Die tödtlich endenden Fälle waren alle mit Morphium behandelt worden, bis 9 Gran pro dosi, und nur in einem derselben, der noch einer näheren Erwähnung verdient, wurde in den letzten Tagen auch mit Curare experimentirt:

Ein bairischer Infanterist erhielt am 26. Juli bei Rossbrunn eine Unterschenkelwunde durch eine Flintenkugel, welche über dem obersten Theil der Achillessehne eindrang und am untern Winkel der fossa poplitea ihren Ausgang nahm. Er kam nach Würzburg, wo ich denselben vom 5. bis 14. zu beobachten Gelegenheit hatte. Am 6. August trat bei gut aussehender Wunde Trismus auf, welcher unter Morphiuminjectionen und Bädern in einen ausgebildeten Tetanus überging, wo sämmtliche Muskeln afficirt, der Rückenschmerz besonders quälend und keine eigentliche Remission zu beobachten, sondern nur ein zeitweises stärkeres Hervortreten des Respirationskrampfes oder der Rückenstarre zu sehen war. Da die Behandlung von keinem Erfolge begleitet war und sich die Reflexerregbarkeit nur noch zu steigern schien, wurde nach einigen Tagen zu Curare übergegangen und von ⅕ Gran pro dosi gestiegen bis 1 Gran. Jedesmal nach Anwendung desselben war eine Zeit lang Puls und Respiration ruhiger. Daneben wurden prolongirte Bäder (2 Stunden) fortgesetzt, wo der Kranke durch zwei Wärter auf zwei zu Tragbändern zusammengelegten Leintüchern ins Bad gehoben und in demselben schwebend erhalten wurde. Dennoch nahm das Allgemeinbild keinen günstigern Charakter an, die Kräfte nahmen ab, und als am 13. plötzlich Suffocationserscheinungen auftraten, wurde die Tracheotomie gemacht, weil der Krampf sich mehr auf die Kehlkopfmuskeln geworfen zu haben schien. In der That wurde der Kranke nach der Operation ruhiger, die Cyanose gab nach und der sonst so martervolle Anblick des Leidenden wurde etwas erträglicher. Doch nicht einmal die Ernährung, geschweige denn eine Therapie konnte in der Folge durchgeführt werden. Der Kranke, stets bei vollem Bewusstsein, bat jeden Augenblick um labende Getränke, die aber bei den Schlingversuchen sofort wieder regurgitirt, zum Theil aus dem Munde, zum Theil in den Kehlkopf gelangt, aus der Canüle flossen. Er lebte bis zum 14.; der unermüdliche behandelnde Arzt versuchte, als er das Ende in Folge von Luftmangel herannahen sah, noch eine Zeit lang die künstliche Respiration, welche er durch zwei Wärter ausführen liess, von denen der Eine durch Heben und Senken der Arme des Kranken, der Andere durch eine Compression des Bauches im Momente der Inspiration die Thoraxbewegungen imitirte. Wie diese Manipulation einige Minuten ausgesetzt worden, verlangte der Kranke wieder danach, fand also offenbar eine Erleichterung darin und lebte auf diese Weise noch 5 Stunden.

Der Fall belehrte mich, dass die Ansicht Neudörfers, die Tracheotomie habe bei Tetanus nicht einmal einen palliativen Werth, nicht richtig ist: Kehlkopf- und Respirationsmuskeln sind nicht immer gleichzeitig ergriffen und wenn die Suffocationserscheinungen ihren Grund nur oder hauptsächlich in Kehlkopfkrampf haben, so muss die Tracheotomie gerechtfertigt sein.

Die Amputation als Heilmittel bei Tetanus scheint allgemein verlassen zu werden; ich sah dieselbe nur in einem Falle ausführen, allein auch in diesem ohne Erfolg.

Mit Rücksicht auf die übrigen günstigen Erfahrungen, welche mit Curare schon gemacht wurden (Demme, Vater, Vella, Giraud-Teulon) und auf die von mir notirten Fälle des diesjährigen Feldzugs, scheint mir eine nähere Berücksichtigung dieses Mittels durchaus gerechtfertigt, gegenüber einer Affection, bei welcher die Therapie noch so machtlos ist, und möchte auch ich gerne, wie es z. B. bei der grossherzoglich badischen Armee bereits geschehen, das Curare in unsere Ambulancen aufgenommen wissen, da es nicht überall leicht erhältlich ist.

Pyämie und Septicämie — Lazarethe — Zelte — Baraken.

Die Bilder, welche mir in Form dieser Krankheiten in den Lazarethen entgegentraten, gehören zu den ernstesten, die ich gesehen, und zu denjenigen, welche mir das prägnanteste Material zu jenem Mosaik von Jammer und Elend lieferten, das ich auf meiner Rundreise in so mannigfacher Form getroffen habe. Da, eines jener charakteristischen fahlgelben Gesichter, einem vor kaum 8 Tagen Verwundeten angehörend, welcher muskulös und scheinbar kräftig, soeben von seinem Arzte über die unabweisbare Nothwendigkeit der Oberschenkelamputation unterrichtet worden; dort ein Resecirter, der mit dem penetrirenden Geruch seiner Wunde das Lokal verpestet; da ein perforirender Lungenschuss, bei dem Zittern und Zähneklappern den ersten ominösen Schüttelfrost verrathen; dort ein kaum aus der Chloroformnarkose Erwachter, dessen durch die profuse Eiterung geschwächte Constitution den operativen Eingriff, welcher ihn vom Tode durch Pyämie retten sollte, nicht mehr vertragen, und dem jetzt von der theilnehmenden Diakonissin die letzten Schweisstropfen getrocknet werden; da ein primär Amputirter, dem es nicht vergönnt zu sein scheint, als Krüppel das Lazareth verlassen zu dürfen, denn seine bald geheilte Wunde hat plötzlich einen wässerigen, missfarbigen Eiter zu entleeren begonnen, der Kranke ist verstimmt, verzagt, fiebert, geniesst fast nichts, dürstet beständig, seine Zunge ist belegt, seine Nächte sind schlaflos, die Pyämie beginnt; dort endlich eine jener hohen Communicativfracturen des Oberschenkels, bei welcher weder die Operation, noch die conservative Methode Chancen der Heilung bietet, und die, nach vorausgegangener profuser Eiterung, erst in der vierten Woche Veranlassung zum Auftreten dieser Geisel der Lazarethe gab; Patient, zum Gerippe abgemagert, hat profuse Diarrhöen und Schweisse, Decubitus, seine Respiration ist beengt, denn die da und dort am Körper aufgetretenen metastatischen Abscesse haben auch seine Lungen erreicht; er ist dem Tode durch Pyämie verfallen.

Es liegt nicht in meiner Aufgabe, mich auszulassen über Wesen und Entstehung von Pyämie und Septicämie und über die Thatsachen, welche allfällig im letzten Kriege gesammelt werden konnten, um die hierüber noch differirenden Ansichten einander näher zu bringen; ich will dies Fachmännern und Solchen überlassen, die zu genauern Studien Zeit und Gelegenheit hatten. Mein Resümé der Eindrücke, die ich in Beziehung auf diese Fragen bekam, ist folgendes: Beide Formen, Pyämie und Septicämie, kamen in den verschiedensten Lazarethen vor; allein da das Auseinanderhalten beider Formen keine practische Bedeutung hatte, so wurde der Unterschied oft nicht gemacht, und die Beobachtung, dass nach Angabe der Aerzte in einigen Lazarethen nur Septicämie, in den andern nur Pyämie vorgekommen sei, liess mich glauben, dass hier mannigfache Verwechslungen leicht möglich sind. Zwischen dem charakteristischen Bilde der Septicämie: acut purulentes Oedem der Wunde, typhöses Fieber ohne intercurrente Fröste und ohne charakteristischen Leichenbefund — und demjenigen der Pyämie: profuse, meist jauchige Wundeiterung, Schüttelfröste und metastatische Abscesse, namentlich der Lungen — schienen mir manche Uebergänge zu bestehen und ein inniger Zusammenhang beider Processe, wie ihn Pyrogoff u. A. beschreiben und auch Dillroth zugibt, unzweifelhaft. — Die Pyämie war ungleich

häufiger als die Septicämie. — In Beziehung auf die
aetiologischen Momente möchte ich meinen Beobachtungen
folgenden Ausdruck geben: So hohe Berechtigung auch
die auf anatomische Untersuchungen basirte Annahme
der Entstehung der Pyämie durch Eiterresorption aus
der Wunde selbst hat, so drängt sich dennoch dem eine
Reihe von Lazarethen durchwandernden Beobachter, ge-
waltsam und immer von Neuem die Nothwendigkeit der
Annahme eines miasmatisch-contagiösen Charakters der
Krankheit auf; das directe Verhältniss zwischen der Zahl
der Pyämischen und der Beschaffenheit, Lage der Lazarethe,
und des Dienstes in denselben, schien mir eine unzweifel-
hafte Thatsache, und die Beobachtung, dass eine gewisse
Zahl Verwundeter, mit an und für sich leichten Wunden,
der Pyämie und selbst dem Tode verfielen, hat etwas
so Auffallendes, gegenüber den tausenden von Heilungen
analog Verwundeter, dass man gezwungen ist, in den
Spitalverhältnissen und der Annahme miasmatischer Einflüsse nach Aufklärung zu suchen. Die Hypothese des
Contagium vivum, die von verschiedenen Seiten bereits
so geistreich ausgebeutet worden, wäre wohl, so sollte
man glauben, auch hier anwendbar. In der That be-
wies mir die principielle Uebereinstimmung, welche ich
in Beziehung auf die prophylactischen und therapeutischen Gesichtspunkte bei den verschiedenen Armeen
fand, dass man allgemein überzeugt war, es müsse so
viel wie möglich die Entstehung von Infectionsherden
vermieden und die bereits vorhandenen mit antimias-
matischen Massregeln getilgt werden.

Was die Art der Verwundungen betrifft, welche hauptsächlich zu Pyämie disponiren, so ist bekannt und geht
z. B. aus Ochwadt's zuverlässiger Statistik unzweifelhaft hervor, dass die Oberschenkelschussfracturen, die
Knieschüsse und die Oberschenkelamputationen weitaus

am meisten der Pyämie erliegen. Die, wenn auch unvollkommenen Notizen, welche ich hier anreihen kann, sprechen in demselben Sinne: Ich sah an Pyämie theils krank, theils sterben:

Schussverletzungen des Oberschenkelknochens 15.
Knieschüsse . . . . 9.
Oberschenkelamputirte . . . . 9.
Unterschenkel- und Fussschussfracturen . . 4.

Ausserdem von Becken-, Lungen-, Ellenbogen-, Fussgelenk-, Oberarmknochen-Schüssen, von den verschiedensten übrigen Operirten je 1 bis 3 Fälle, im Ganzen 65, wovon die 3 erstgenannten Categorien die Hälfte ausmachen.

Eine gewisse Zahl leichterer Fälle, bei denen jedoch die Schüttelfröste ausgesprochen vorhanden waren, gingen in Heilung über; doch schien mir dies weniger durch die medicamentöse Behandlung als durch die Verbesserung der hygienischen Verhältnisse in der Umgebung des Kranken bedingt zu sein. Es handelte sich in dieser therapeutischen, sowie in prophylactischer Richtung überhaupt um Berücksichtigung namentlich dreier Momente: Zerstreuung der Kranken und Verwundeten, richtige Wahl der Lage und Lokalität für die Lazarethe, und Sorge für genügende Ventilation und Reinlichkeit in denselben.

Ueber die Zweckmässigkeit des Zerstreuungssystems wäre es überflüssig, sich auszulassen; die Logik, welche in demselben liegt, ist bereits Gemeingut wohl jedes Militairarztes geworden; dasselbe wurde in grossartigerem Massstabe durchgeführt, als in allen früheren Kriegen; auf dem süddeutschen Kriegsschauplatz wurde ein grosser Theil der Kranken und Leichtverwundeten, so rasch die Transportmittel es erlaubten, in die grössern Städte Baierns, Würtembergs, Badens, sowie preussischerseits in die nördlich vom Kriegsschauplatz gelegenen Gegenden, selbst bis tief nach Westphalen hinein evacuirt. Die Evacuationen fanden preussischerseits zahlreicher statt, als von Seiten der Bundestruppen, und ausser Zweifel nur zum Vortheile der preussischen Verwundeten. Ich sah in Tauberbischofsheim, Mergentheim, Würzburg eine Reihe von leichten Verwundungen, Fleischschüssen der obern Extremität, des Unterschenkels und Fusses, und des Rumpfes, durch deren Evacuation für die Schwerverwundeten günstigere hygienische Verhältnisse hätten geschaffen werden können. Was in dieser Richtung in Süddeutschland später noch geschah, ist mir nicht bekannt. — Auf dem böhmischen Kriegsschauplatz war bei meiner Ankunft in Beziehung auf Zerstreuung der Kranken Alles bereits geschehen, was geschehen konnte; in Sachsen, in ganz Ostpreussen, in Böhmen, Niederösterreich, Ungarn, Kärnten u. s. w. waren alle Verwundeten vertheilt, sowohl in die grössern Städte als auch zu einzelnen Privaten zu Stadt und Land, und ich fand in den Gegenden, wo die verschiedenen Actionen stattgefunden hatten, mit wenig Ausnahmen, nur noch Schussfracturen der untern Extremität, ein Theil der Schussfracturen der obern Extremität, Lungenschüsse, Kopfschüsse, Unterleibschüsse und eine Anzahl Operirter. Freilich geht aus den Berichten, welche ich über die Zustände in den ersten Tagen nach den Gefechten einzog, deutlich hervor, dass auch hier der Anhäufung der Verwundeten anfangs nicht gehörig gesteuert werden konnte; allein dennoch unterliegt es keinem Zweifel, dass die baldmöglichste Durchführung dieses Zerstreuungssystems wesentlich dazu beitrug, dass die Pyämie nirgends ein bedeutenderes Terrain gewinnen konnte.

Den zweiten Punkt, die Wahl der zu Lazarethen bestimmten Lokalitäten betreffend, hatte ich Gelegenheit, eine grosse Zahl vergleichender Beobachtungen über die relative Zweckmässigkeit derselben anzustellen, und mich zu überzeugen, dass in dieser Richtung noch mehr zum Wohle der Verwundeten geschehen kann, als bis dahin geschehen ist. — Folgende Lokale fand ich zu Lazarethen benutzt: Schulhäuser, Kirchen, Rathhäuser, Armenhäuser, Pfrundhäuser, Bürgerspitäler, Tanzsäle, Schlösser, Bad-Curanstalten, eine unbenutzte Einsteigehalle eines grossen Bahnhofes, Concert- und Ballsäle, stehende Militairspitäler, Seminarien, Casernen, Klöster, Festungscasematten, Fabrikgebäude, Scheunen, resp. die Tenne derselben, Reitschulen, Privathäuser und einzelne Privatzimmer, Gartenhäuser, Kegelbahnen, Zelte, Baraken.

Wenn wir vorläufig die zwei andern für die Salubrität eines Lazareths wichtigsten Faktoren, Lage und Besorgung desselben, unbeachtet lassen, so kann über das Verhältniss dieser verschiedenen Lokalarten zur Pyämie Folgendes notirt werden: Am unzweckmässigsten erschienen mir die Kirchen, denn die Möglichkeit der Ventilation in denselben ist eine ganz ungenügende; die hohen Bogenfenster beginnen erst 10 und mehr Fuss über dem Fussboden, und es muss die unmittelbar über und um die Verwundeten sich befindende Athmosphäre nothwendigerweise eine mehr oder weniger verpestete bleiben; dieser Uebelstand trat in den böhmischen Dorfkirchen noch mehr hervor; dieselben sind mit halbkreisförmigen Fenstern von einigen Fuss Breite und Höhe versehen, welche fast unmittelbar unter dem Dache angebracht sind. Es scheint, dass man sich von der Unzweckmässigkeit dieser Lokale von Krieg zu Krieg mehr überzeugt; schon im letzten Kriege gegen Düne-

mark finde ich unter Ochwadts*) Verzeichniss der zu
Lazarethen verwendeten Lokale keine einzige Kirche,
und im diesjährigen Kriege traf ich unter den circa 50
Lazarethen, die ich gesehen, in Süddeutschland nur zwei
Kirchen, während in Böhmen kurz vor meiner Ankunft
ich nur eine einzige auf längere Zeit als Lazareth benutzte Kirche traf, welche wegen zahlreich aufgetretenen
Pyämien geleert worden war. Etwas günstigere Verhältnisse bieten schon die Casernen; indessen möchte ich
sie doch zu den schlechter geeigneten Gebäuden zählen,
denn dieselben sind, wenn nicht in den letzten Jahren
gebaut, für Luft und Licht zu wenig zugänglich; die
Fenster sind zu klein, die Säle zu niedrig, und in der
Regel ist der Geruch der Abtritte in einzelnen Abtheilungen des Gebäudes ein jedem Besuchenden auffallender.
Rechnet man dazu den von Demme und Pyrogoff
berührten Uebelstand, dass die Lokale, bevor sie mit
Verwundeten belegt werden, längere Zeit einer grossen
Zahl eng zusammenwohnender Soldaten zum Aufent-
halte dienten, so möchte ich auch unsere neuern, besser
gebauten Casernen nur für eine mässige Zahl Leicht-
verwundeter oder für leichte interne Kranke benutzt
wissen. Dieselbe Bestimmung möchte ich den Schlös-
sern, Schulhäusern, Rathhäusern, Armenhäusern, Pfrund-
häusern, Fabrikgebäuden etc. zuweisen; einzelne derselben boten in Beziehung auf Lage der Aborte oder
die Möglichkeit der Ventilation sehr ungünstige Verhältnisse, während andere, namentlich neuere Gebäude weit
bessere Salubritätsbedingungen boten; von allen jedoch
erhielt ich den bestimmten, von Lücke,**) Pyrogoff***)

---

*) Ochwadt: Kriegschirurgische Erfahrungen.
**) Lücke: Kriegschirurgische Aphorismen.
***) Pyrogoff: Grundzüge der allgemeinen Kriegschirurgie.

und Andern so scharf markirten Eindruck, dass dieselben einen zu grossen Complex von Belegeräumen, und dieselben Uebelstände wie grössere Spitäler bieten, und dass, alle übrigen Bedingungen gleich gesetzt, je grösser der Spital, desto grösser die Sterblichkeit an Pyämie. Man möchte hienach glauben, dass das Unterbringen der schwerer Verwundeten in einzelnen Sälen, Concert-, Ball-, Tanz-, Cursälen, Reitschulen, Privathäusern und einzelnen Privatzimmern das Beste wäre. Pyrogoff macht einen dahin zielenden Vorschlag, wonach die Schwerverwundeten in den dem Schlachtfeld zunächst gelegenen Ortschaften zu Ein bis Dreien in den Familien untergebracht, und die Leichtverwundeten in die Städte transportirt werden sollten. Allein auch dieses System scheint mir zu wünschen übrig zu lassen. Abgesehen davon, dass dadurch die in den Rayon der Kriegsactionen gezogenen Gegenden, deren Einwohner ohnedies durch Verluste und Requisitionen aller Art von Freund und Feind hart mitgenommen worden, noch theilweise ihrer Wohnungen auf lange Wochen beraubt würden, müssten nothwendigerweise bei der grossen zu erwartenden Zahl der Verwundeten zukünftiger Kriege auch in bevölkerten Gegenden, wie den unsrigen, die Ortschaften in einem Umkreise von 6 und mehr Stunden hiezu benutzt, und dadurch der für den günstigen Verlauf der schweren Verwundungen so fatale Transport verlängert werden. Dazu kommt die schon öfter gemachte, auch von Demme berührte Thatsache, zu deren Erörterung auch ich einige Beobachtungen anführen kann, dass die Privathäuser in ihrer grössern Mehrzahl, die zur Unterhaltung einer möglichst reinen Atmosphäre in der Umgebung des Kranken, nothwendigen Bedingungen nicht in sich schliessen. Die genügende Ventilation wird daselbst vielfach durch ungeschickt angebrachte Fenster und Thüren, durch Nähe der Aborte, Küchen, unreine Höfe, Pferde-, Kuhställe etc. behindert, und man braucht nur einige Mal mit seiner eigenen Nase sich überzeugt zu haben, wie zwei einzige schwer Verwundete ein geräumiges Zimmer zu verpesten im Stande sind, um sich zu überzeugen, dass, wenn es sich um möglichstes Fernhalten einer inficirten und inficirenden Atmosphäre handelt, auch die Zerstreuung der Verwundeten in Privatwohnungen keine genügende Massregel genannt werden muss. Dass zudem bei einem derart organisirten Feldlazarethdienst die Zahl der Krankenwärter abnorm gross sein müsste, liegt auf der Hand, und eine ebenso natürliche Consequenz wäre die bedeutende, fast zur Unmöglichkeit werdende Erschwerung der Handhabung eines geordneten und genügend beaufsichtigten Spitaldienstes.

Es bleibt mir noch übrig, die Besprechung der Krankenzelte und Baraken. — Obwohl ich Ihnen über die Anzahl der vorgekommenen Pyämien in den verschiedenen Lokalarten keine genaue Statistik als Grundlage meiner Ansichten vorweisen kann, denn hiezu war die Bevölkerung der Lazarethe eine zu flottante, mein Aufenthalt in denselben ein zu kurzer, und meine Berechtigung zur Erhebung genauer Mortalitätszahlen eine zu zweifelhafte, so stehe ich dennoch nicht an, die Zelt- und Barakenbehandlung der Schwerverwundeten als die beste und erfolgreichste zu erklären, und dieselbe eventuell auch für unsere Verhältnisse aufs Wärmste zu empfehlen. Hören wir vorerst einige Erfahrungen aus frühern Kriegen sprechen: Pyrogoff sagt: Von allen diesen Krankenbehältern erwiesen sich einzig unsere Hospitalzelte als brauchbar etc. Demme, der im italiänischen Krieg die Behandlung in Zelten und Baraken nicht zu beobachten Gelegenheit hatte, bezeichnet die der Jahreszeit angemessene Benutzung von Zelten und

Baraken als einen Punkt, welcher in einem kommenden Krieg die ernsteste Prüfung verdient. Ochwadt glaubt: „Die Zeltbehandlung und das Zerstreuungssystem müssen nach dem Vorstehenden als die wichtigsten Faktoren bei der Prophylaxis und Kur der Pyämie angesehen werden." Lücke hält das „Aufschlagen von Zelten für eine Methode, welche gewiss vorzüglich ist". Nur Neudörfer bezeichnet sich als „keinen unbedingten Verehrer der Behandlung von Verwundeten unter Zelten"; doch begründet er sein Urtheil nicht genügend. Mein Urtheil bildete ich mir durch Visitation der Zelt- und Barakenlazarethe in den böhmischen Ortschaften: Nechanić, Hradek, Horěnowic, Nedělist, Maslowiec, Königinhof, Trautenau, Prag. Hier war frische Luft, hier war üppige Ventilation; die Kranken, halb im Freien, fühlten sich behaglich, und wenn ich auch hier zuweilen eines jener auf den ersten Blick erkennbaren pyämischen Gesichter traf, so blieb diese Erscheinung dennoch entschieden vereinzelter, und die übrigen Wunden sahen gut aus. — Was vorerst die Zelte betrifft, deren ich leider auf dem süddeutschen Kriegsschauplatz kein einziges sah, und die, so viel mir bekannt, auch in Böhmen nicht gleich von Anfang an benutzt wurden, so ist ihre Construction folgende: Das Fundament, 30 bis 35 Fuss lang und 15 Fuss breit, besteht entweder aus Backsteinen oder aus einem auf Querbalken ruhenden Bretterboden, welcher so construirt sein muss, dass auf dem durch die Länge des Zeltes frei bleibenden Gang, die Bretter nach der Länge desselben, dagegen auf der für die Bettstellen bestimmten Fläche der Quere nach gelegt werden; nur so kann der Uebelstand vermieden werden, dass die Erschütterung, welche durch jeden Schritt des Wartpersonals auf dem Gange entsteht, sich den Bettstellen nicht mittheilt. Ein Zelt, bei welchem diese

Vorsicht nicht beobachtet worden war, musste neu gebaut werden, weil die Kranken mit Schussfracturen der untern Extremitäten, diese sich jeden Moment wiederholende, wenn auch ziemlich minime, mitgetheilte Erschütterung nicht vertragen konnten. Ein solcher, mit einer gewissen Solidität gearbeiteter Fussboden ist eines der wichtigsten Requisite der Krankenzelte; er dient zur soliden Fixirung der Bettstellen, zur Abhaltung der permanenten sowohl, als der durch Regengüsse vorübergehend vermehrten Bodenfeuchtigkeit, und zur Ermöglichung einer minutiösen Reinlichkeit im Zelte. In den Fussboden eingelassen, erheben sich die das Gerippe bildenden hölzernen oder eisernen Stangen, von denen die vier mittleren, je 15 Fuss hoch, die Höhe des Zeltes marquiren, während zu beiden Seiten je vier, 5 Fuss hohe Stäbe den vertikalen Seitenwänden als Anhaltspunkte dienen. Das aus doppelter Zeltleinwand bestehende Dach wird wie die gewöhnlichen Soldatenzelte mit Pfählen fixirt, reicht aber nur, wie bei den bekannten marquisirten Zelten, bis zu den ebenfalls aus Leinwand bestehenden, vertikal herabhängenden Seitenwänden, welche hinaufgeschlagen und dadurch das Zelt zu beiden Seiten seiner Länge nach bis zu einer die Betten noch um einige Fuss überragenden Höhe geöffnet werden kann. An den beiden Fronten des Zeltes kann die Leinwand in der gewöhnlichen Manier zurückgeschlagen, oder der Eingang geschlossen werden, nur sind daselbst beiderseits Vorzelte, d. h. Räume angebracht, in welchen je 2 Betten für die Krankenwärter, nöthigenfalls auch für Aerzte, und einige der nöthigsten Spitalgeräthschaften sich befinden, und welche von dem Krankenraume durch eine Zeltwand getrennt oder mit demselben verbunden werden können. Diese Zelte sind für 8 bis 10 Kranke berechnet, und sahen, besonders wenn sie mit Blumentischchen geziert waren, und die Kranken ihre vom Berliner Hülfscomite oder den Johanitern geschenkten Cigarren rauchten, recht wohnlich aus. Das Zeltsystem hat ausser der Möglichkeit einer continuirlichen Speisung der Kranken mit reiner Luft den bedeutenden Vortheil, dass die Wahl der Etablirung der Krankenräume vollständig frei gegeben ist; dass daher alle Gegenden vermieden werden können, welche nicht nur ihren tellurischen und athmosphärischen Verhältnissen nach, sondern auch wegen momentaner Ueberfüllung mit Freundes- oder Feindestruppen, wegen Typhus und Choleraepidemien, ungünstige Salubritätsverhältnisse darbieten. In weit aus der grössern Zahl der böhmischen und auch der süddeutschen Ortschaften, welche eine Menge Schwerverwundeter beherbergten, traf ich Einquartirung, und nicht selten in demselben Lazareth gemeinschaftlich mit Schwerverwundeten Typhus- und Cholerakranke.*) Es hiesse den gegenwärtig herrschenden Ansichten über den Charakter dieser Krankheiten Zwang anthun, wenn man denselben jeglichen Einfluss auf Luftverpestung und Wundverlauf absprechen wollte.**) Hiemit sind indessen die Vortheile dieses Systems noch nicht erschöpft: dadurch, dass die Zelte in unmittel-

---

*) In Hořic, einem böhmischen Flecken, wo eine grosse Zahl Cholerafälle vorgekommen, und die Verwundeten nebst preussischer Einquartirung die Lokale füllten, sah ich einen preussischen Verwundeten mit einem Schuss durchs Ellenbogengelenk, welcher, von heftiger Cholera genesen, 14 Tage nachher sich der Resection unterworfen musste.

**) Professor Kloh hat in seiner neuesten Schrift: Studien über den Choleraprocess Wien, 1867 die massenhafte Anwesenheit von Pilzsporen in den Choleradejectionen nachgewiesen. Die nahen Beziehungen zwischen Cholera und Wundverlauf dürften dadurch bald eine concretere Fassung bekommen.

barer Nähe des Schlachtfeldes, soweit dies ohne Gefahr der Beunruhigung durch bevorstehende Kriegsactionen möglich ist, aufgeschlagen werden können, ist der weitere Transport Schwerverwundeter, dieser allgemein anerkannte Uebelstand, wie durch kein anderes Mittel unnöthig gemacht; es können, ohne abermals in den Fehler der Krankenanhäufung verfallen zu müssen, wenn die einzelnen Zelte in einer gewissen Entfernung von einander gehalten sind, ganze Lager Schwerverwundeter aufgeschlagen, das Sanitätscorps dadurch mehr concentrirt, das Hülfspersonal gut beaufsichtigt, und eine grössere Unabhängigkeit des Sanitätsdienstes von Bevölkerung und Truppen erzielt werden. Wenn der Ambulancetrain in der in einem späteren Abschnitt zu besprechenden Weise vermehrt werden könnte, so wären diese Zelte vorab in denselben aufzunehmen. Der Nachtheil der Zelte ist ihr ungenügender Schutz gegen extreme Witterungseinflüsse; allein dieser Uebelstand scheint mir von keiner so gewichtigen Bedeutung, dass desshalb das ganze System in Frage gestellt werden könnte. Gegen anhaltenden Regen schützen die Doppelzelte vollkommen, und wohl mit Recht wurde überall, wo ich Zeltbehandlung traf, jenen Befürchtungen kein Raum gegeben, als möchten diese luftigen Räume Anlass zu Erkältungen geben. Dagegen ist in sehr heissen Sommerwochen die Hitze eine fühlbar drückendere unter dem Zelte, als in den Wohnungen. In Italien, wo übrigens die Hitze ungleich grösser sein muss, als bei uns, waren daher die Zelte nach einer mündlichen Mittheilung von Professor Socin in Basel im Juli nicht zu gebrauchen. Diesseits der Alpen dürfte die Hitze nur sehr ausnahmsweise so gross werden, dass bei einer vor der Sonne etwas geschützten Lage des Zeltes, dasselbe nicht bewohnbar wäre. In der Winterkälte reichen dagegen dieselben nicht aus; unter günstigen Umständen können zwar 8 Monate des Jahres unter denselben zugebracht werden,*) allein, wenn auch Winterfeldzüge zu den Seltenheiten gehören werden, so müsste doch für diese Eventualität auch gesorgt werden. Hier müssten Baraken von gewisser Construction oder, wenn der Krieg ein langedauernder würde, das amerikanische Pavillonsystem ihre Anwendung finden.

Schade nur, dass die Schwerfälligkeit der Baraken in Transport und Aufbau ihrer Einführung an der Stelle der Zelte unübersteighare Hindernisse in den Weg legen. Denn vom sanitarischen Standpunkte aus, scheinen mir die Baraken als die zweckmässigste Massregel zur Unterbringung schwer Verwundeter bezeichnet werden zu müssen.

Ich sah in ganz Süddeutschland, zur Zeit meines Aufenthaltes daselbst, keine Baraken. In Böhmen fand ich sie vereinzelt in Prag, Trautenau, Wien, nach Dr. Hirt auch in Pesth; einzelne barakenähnliche Gebäude, wozu ich Kegelbahnen, offene Gartenhäuser, Gewächshäuser, Pavillons zähle, traf ich in Tauberbischofsheim, Prag, Wien, und laut mündlichen Berichten von Professor Volkmann hat er dieselben auch in Langensalza angewandt. — Ihre Construction war verschieden. In Wien sah ich eine Barake, welche, nach allen Seiten offen, nur mit einem hölzernen Fussboden und einem ziemlich tief hinunter reichenden, doppeltschiefen Dache

---

*) Pyrogoff fand in den Zeltlazarethen, welche in einem Bergdistrikt des Kaukasus im Spätoktober aufgeschlagen waren, die Verwundeten am Morgen nach einem anhaltenden Schneegestöber in bestem Zustande.

Nach Demme sind 1857 in Ungarn Verwundete unter Zelten bis 10. November und bei 0 Grad Reaumur mit Vortheil untergebracht worden.

versehen, und unter welchem die mit ihren Kopfenden
aneinander stossenden Betten in zwei Reihen angebracht
waren; der sie umschliessende grosse und mit schattigen
Bäumen, deren Aeste bis auf das Dach reichten, besetzte
Raum, schützte genügend gegen Wind, allein da man
nachträglich diese Barake zu schattig, niedrig und feucht
fand, wurde sie nicht mit Verwundeten belegt. Es ist
klar, dass solche sogenannte Flugdächer nur in hof-
artigen, geschützten Räumen Anwendung finden, und
daher keine allgemeine Bedeutung erlangen können.

Eine praktischere Construction hatten zwei im ge-
räumigen Hofe der Prager Carlskaserne etablirte Baraken. Von allen vier Seiten geschlossen, aus rohen
Laden construirt, mit gewöhnlichem Dache versehen,
wurde die Ventilation in denselben ausser mittels der an
beiden Enden offenen Thüren durch Oeffnungen bewerk-
stelligt, welche, circa 2 Fuss in ihrer Höhe haltend, die
ganze Flucht der beiden 60 Fuss messenden Längeseiten
einnahmen; die Breite der Baraken betrug 20—25 Fuss,
ihre Höhe circa 13 Fuss; eine jede beherbergte circa
30 schwerer Verwundete, und die Luft in denselben
war eine recht reine; die Wunden, zu einem grossen
Theil schon in Heilung begriffen, sahen gut aus, und
wenn auch diese Lokale nicht ganz von Pyämie verschont blieben, so sprachen sich doch die dirigirenden
Aerzte über die Erfolge in denselben günstig aus. Während diese Bauart in Verbindung mit eisernen Oefen
oder Kaminfeuern für die kalte Jahreszeit die passende
wäre,*) dürften als Sommer-, Frühlings- und Herbst-
aufenthalt besonders die Baraken empfohlen werden,

---

*) Nach Baudens unterhielten die Engländer vor Sebastopol in
ihren Krankenbaraken mit Leichtigkeit eine Temperatur von
14 Grad Reaumur.

welche unter der Direction von Prof. Volkmann aus Halle in Trautenau errichtet waren. Nach drei Seiten ganz geschlossen, erstreckten sich die aus Balken und Laden gefertigten Gebäude in einer Länge von 70 Schritten und einer Breite von 12 Fuss. Eine der Längsseiten, und zwar die der grössern Dachhöhe entsprechende, ist bei schönem Wetter offen, und kann bei heftigem Regen und Wind, sowie bei belästigendem Sonnenschein und bei Nacht in ihrer untern Hälfte durch Leinwandvorhänge geschlossen werden, welche, 11 an der Zahl, jeder einzeln hinaufzurollen sind. Ein einige Fuss langes Vordach befindet sich in der obern Hälfte dieser offenen Seite und schützt einen 3 bis 4 Fuss hohen, die ganze Länge des Gebäudes einnehmenden Raum, der Tag und Nacht und bei Regen und Sonnenschein offen ist. Zwischen Dach und Vordach kann der offene Raum abermals durch Leinwandvorhänge geschlossen und geöffnet werden. Das Dach, eine einfach schiefe Ebene, besteht aus Dachpappe (in Theer getränkte Pappdeckel), und die Kranken liegen, das Gesicht gegen die offene Seite und das Grüne gerichtet, 30 Mann, alle in einer Reihe, in den mit dem Kopfende an die geschlossene Wand lehnenden Betten. Der Fussboden ruht 2 Fuss über der Erde auf Balken, und das ganze Gebäude ist von hinten durch kräftige Stützbalken gegen die Eventualität einer Zerstörung durch Sturmwind geschützt. Neben einer vollkommen reinen Luft boten diese Gebäude vollständigen Schutz gegen jede Unbill der Witterung, Winterkälte ausgenommen. Zur Zeit meines Besuches war hier der Zustand der Verwundeten ein ausgezeichneter; dass nach den Aussagen von Prof. Volkmann Pyämie und Septicämie auch hier nicht unbekannt geblieben sind, spricht nicht gegen die Zweckmässigkeit dieses Systems; denn einerseits waren die Baraken nicht gleich nach dem hier stattgehabten blutigen Gefecht vorhanden, sondern wurden auf Befehl des preussischen Stadtcommandos von den Einwohnern von Trautenau erst später errichtet, und andererseits wird eben die Pyämie auch durch die ausgezeichnetsten Lokale wohl nie ganz verscheucht werden können.

Einen fast ebenso wichtigen Faktor als die Art des Gebäudes zur Unterbringung Schwerverwundeter, schien mir die Wahl des Standortes der Lazarethe zu bilden, und möchte ich lebhaft Lücke's u. A. Ausspruch beistimmen, dass ein isolirter und, möchte ich beifügen, hochgelegener Spital, unter allen Umständen einem in der Stadt in engen Gassen, oder tief gelegenen vorzuziehen sei. So nabeliegend und bekannt diese Wahrheit ist, so erlaube ich mir dennoch, dieselbe speziell zu betonen, da ich mich überzeugte, dass dieselbe im letzten Kriege zuweilen nicht berücksichtigt wurde, und da ich es für eine Aufgabe auch unseres Militairsanitätswesens halte, hierauf bei einer Kriegseventualität genau zu achten. — Das Gebäude des Bürgerspitals bot von den 5 Lazarethen in Tauberbischofsheim die besten Gesundheitsverhältnisse; dasselbe war das einzige, welches ausserhalb des Städtchens lag; der bairische Militairspital in Würzburg, auf der Höhe der Festung gelegen, bot einen guten Gesundheitszustand, während drunten in der Stadt fast überall Pyämie war. Die Festung Königgrätz hat eine ziemlich erhöhte Lage; die dort wehende frische, belebende Luft fiel mir gleich bei meiner Ankunft daselbst auf; daher kam es wohl, dass, trotzdem die Verwundeten daselbst in einer Caserne untergebracht waren, vor deren Fenster in einiger Entfernung Faschinen bis zur Dachhöhe aufgethürmt worden, der Gesundheitszustand ein recht befriedigender war. In Prag machten die Garnisonsspitäler I und II, das eine auf dem hohen

Hradschin, das andere auf dem freien, höher als die
Umgebung gelegenen Carlsplatz, den günstigsten gesundheitlichen Eindruck, den man überhaupt von grösseren
Gebäuden in einer grossen mit fremden Truppen überfüllten Stadt bekommen kann. Lazarethe mit Schwerverwundeten mitten in grössern Häusercomplexen, geschlossenen Häuserreihen mit engen Gassen, wie ich sie
in Horic, Tauberbischofsheim, Würzburg traf, machten
mir den lebhaften Eindruck, als ob hier nicht dieselben
günstigen Heilerfolge erzielt werden könnten, und zweifle
ich nicht, dass die bezüglichen Schluss-Berichte der
dirigirenden Aerzte auf diesen Punkt ebenfalls Gewicht
legen werden. — Es liegt auf der Hand, und wurde bereits oben berührt, dass solche ungünstige Lageverhältnisse durch das Zelt- und Barakensystem vermieden
werden können und auch vermieden wurden. Die Auswahl der Standorte scheint mir aber jedenfalls einer
genauen Ueberlegung zu bedürfen. Nicht nur Schutz
vor eventuellen Sturmwinden, durch welche Zelte, wie
Pyrogoff berichtet, umgeblasen werden können; denn
dies dürfte nur sehr ausnahmsweise vorkommen; sondern auch Berücksichtigung der Pettenkofer'schen Grundwassertheorie, deren Wichtigkeit für den Barakenbau
aus den fatalen Erfahrungen hervorgeht, welche bei den
Arbeiterbaraken am Sömmering und bei den Aliirten
vor Sebastopol gemacht worden, scheinen hier nothwendig; es scheint je nach der Jahreszeit die Wahl eine
verschiedene sein, und auf Schutz gegen zu grosse Hitze,
auf Vermeidung zu vielen Schattens und auf Deckung
vor zu scharfen Winden in den kühlen Monaten gesehen
werden zu müssen.

Die meisten Zelte und Baraken, die ich im August
gesehen, lagen ausserhalb der Ortschaft, nicht zu weit
von derselben entfernt, um die Communication nicht

unnöthig zu erschweren, auf erhöhten Rasenplätzen, entweder mit ganz freier Rundsicht oder von einer Seite durch die Nähe eines Waldsaumes begränzt. Wie gerechtfertigt hiebei die Vermeidung menschlicher Wohnungen ist, sah ich an einem Beispiel in Königinhof, wo zwei Zelte in einem von Häusern eingeschlossenen Gartenraum aufgepflanzt worden waren, von denen das eine nur 10 Schritte von einem Schlachthause entfernt war; die Pyämie wurde in demselben endemisch, das entferntere andere Zelt blieb verschont. Natürlich wurde in solchen Fällen das Zelt sofort dislocirt und schiene es mir angezeigt, wenn ein zeitweiliges Wechseln des Zeltstandortes nicht nur als Mittel gegen aufgetretene, sondern gegen allfällig aufzutretende Pyämie betrachtet und durchgeführt würde. Von den meisten Kriegs- und Friedenschirurgen wird das Wechseln der Zimmer bei Schwerverwundeten als eine zweckmässige antipyämische Massregel angeführt; das Wandern der Zelte wäre demselben analog.

Ueber die für die Salubrität der Lazarethe (daher auch für die Pyämiefrage) so wichtige innere Einrichtung und den Dienst in denselben kann ich Ihnen Folgendes referiren:

Es war eine natürliche Folge der nicht genügend ausgedehnten Anwendung des Zelt- und Barakensystems einerseits, und freilich auch der ungenügend vorhandenen Transportmittel andererseits, dass die Verwundeten anfangs in den Lokalen angehäuft und erst nach und nach evacuirt werden konnten. Das Lager derselben betreffend, so bestund dasselbe anfangs oft in der nackten Erde, später in Stroh, welches dann nach und nach durch Strohsäcke und Matrazen ersetzt wurde. Bettstellen fehlten in der zweiten und dritten Woche nach den Actionen in Süddeutschland noch viele. Ueber die Zweckmässigkeit der Matrazen war man nicht überall ausser allem Zweifel. Einzelne Aerzte behielten die Strohsäcke, indem sie sagten, die Kranken liegen auf denselben, wenn sie öfter aufgerüttelt und das Stroh derselben von paar zu paar Wochen erneuert werden, ebenso gut wie auf den Matrazen. Obschon mir diese Behauptung etwas zweifelhaft erschien, halte ich sie dennoch für beachtenswerth. Wenn ich mich an den Geruch erinnere, den solche Matrazen noch nach mehreren Tagen der Lüftung zeigten, nachdem sie einem Verwundeten mit jauchiger Wundeiterung zum Lager gedient hatten, wenn ich mich erinnere, wie durch Ungeschicklichkeit der Wärter, durch Unruhe des Kranken während der Nacht, zuweilen durch Mangel an wasserdichten Unterlagen, die Matrazen mit Jauchelachen getränkt werden können, so möchte ich die Vermeidung der Matrazen keine unnütze Vorsicht, und Lücke's empfohlene Massregel, die Matrazen der Pyämischen nach deren Tode zu verbrennen, keine ungerechtfertigte nennen. Dagegen scheint es mir zu weit gegangen, wenn man wie Pyrogoff, die Rosshaarmatrazen für Kriegsspitäler ganz untauglich erklären, und dieselben ganz durch Heu-, Stroh-, Moos-, Lindenbast-, Seegras-Säcke ersetzen wollte. Allerdings werden letztere in der Kriegspraxis stets in der ersten Zeit den Verwundeten als Lager dienen müssen, weil die Matrazen nicht gleich zur Hand sind, und es scheint mir dies kein Nachtheil zu sein; die Strohsäcke können leicht und rasch erstellt, die leeren Säcke ins Ambulance-Material aufgenommen, der Inhalt öfter gewechselt und dadurch grössere, in den ersten Wochen namentlich wichtige Reinlichkeit gehandhabt werden; allein den Schwerverwundeten und Schwerkranken darf, glaube ich, die Wohlthat einer guten Matraze auf die Länge nicht entzogen werden, denn sie gehören zu dem Com-

fort, auf den diese Unglücklichen mit Recht Anspruch
machen können; abgesehen davon, dass der Mangel derselben möglicherweise Decubitus befördern könnte. *)
Man versehe daher nach und nach die Schwerverwundeten mit Matrazen, sorge für eine entsprechende Anzahl Wachstuch oder Gutta percha-Unterlagen und lasse
die Leichtverwundeten auf den Strohsäcken, die, wenn
sie auf zweckmässigen Bettstellen ruhen, ein ganz gutes
Lager geben. Es können dadurch, beiläufig bemerkt,
bedeutende Kosten erspart werden; denn wollte man
alle Verwundeten und Kranken auf Matrazen lagern und
diese für den Kriegsfall vorräthig halten, so müsste ein
grosses Kapital jahrelang in den Spitalmagazinen todt
liegen. — Anders verhält es sich mit den Bettstellen;
diese können mit weit weniger Unkosten erstellt und
weit leichter auch auf den Kriegsschauplatz nachgesandt
werden. Als Spitalmaterial scheinen sie mir unentbehrlich; sie verbessern durch ihre im Vergleich zum Fussboden ungleich grössere Elastizität das Lager bedeutend,
ermöglichen eine grössere Reinlichkeit und Lüftung der
Lazarethräume und erleichtern dem Wart- und ärztlichen Personal den Dienst ungemein. Nichts ist penibler als wochenlang vor den Betten der Verwundeten
kniend oder sich über dieselben im rechten Winkel
beugend, Hülfe zu leisten. Die Bettstellen, welche ich
antraf, waren verschiedener Art. Am besten gefielen
mir die diejenigen der bairischen Feldspitäler sowohl,
als die eisernen zusammenlegbaren Bettstellen, welche
ich in einzelnen preussischen Lazarethen Böhmens antraf, und welche bereits in ähnlicher Construction auch

---

*) Miss Nightingale spricht sich in ihren von Senftleben
bearbeiteten: „Bemerkungen über Hospitäler, Memel 1866",
über die Strohsäcke in demselben Sinne aus.

in das schweizerische Spitalmaterial aufgenommen wurden; erstere sind analog den Brancards gebaut, nur sind sie breiter, das Holzwerk solider und die Füsse etwas höher; letztere in der Art der gewöhnlichen eisernen Bettstellen construirt, haben nicht nur in der Mitte ihrer Länge Gelenke, sondern auch alle 6 Füsse derselben (zwei in der Gegend der Gelenke) können eingeschlagen und dadurch die Verpackung bedeutend erleichtert werden.

Bei Besprechung des Spitaldienstes, soweit er mit Prophylaxis und Therapie der Pyämie in Beziehung steht, muss ich vor allem aus der Ventilation erwähnen. Dieselbe schien mir, sobald man den miasmatisch-contagiösen Character einzelner Spitalkrankheiten zugiebt, eine Sache von der höchsten Wichtigkeit. Mit Aufmerksamkeit verfolgte ich die hier einschlagenden Verhältnisse in den verschiedenen Lazarethen und überzeugte mich, dass hier viel erzielt und viel verabsäumt werden kann. Viele Lokale scheinen mir vermöge ihrer Lage und Construction eine genügende Lüftung unmöglich zu machen (ich habe diesen Gegenstand oben bereits näher berührt); bei andern, welche die Möglichkeit der Ventilation boten, wurde dieselbe nicht consequent durchgeführt. Ein geräumiges freistehendes Gartenhaus, welches im Ganzen etwa 200 leichter Verwundeten beherbergt hatte, bekam 6 tödtlich verlaufende Pyämien bei Wunden, die sich nur ausnahmsweise mit derselben compliziren; die Wunden waren: ein Fleischschuss am Thorax, ein Gesässfleischschuss, ein Rückenfleischschuss, ein Splitterbruch des Vorderarms, ein solcher des Oberarms und ein Schuss in die Wirbelsäule. Die Fenster des Lokals waren zur Zeit meines Besuchs, im August an einem Sonnentage, zum grössern Theil geschlossen. Dass dagegen selbst grosse Spitäler, wenn Bau und Lage günstig, durch gehörige Durchführung der Ventilation gute Gesundheitsverhältnisse bieten können, dafür schien mir u. A. auch der Prager Garnisonspital I zu sprechen, aus dessen Schlussbericht, ich zweifle nicht daran, über die Resultate der Behandlung sehr günstige Zahlen hervorgehen werden. Ich fand daselbst alle Thüren und Fenster offen, und erinnerte mich dabei lebhaft an den von Billroth citirten Ausspruch eines englischen Chirurgen: „es gibt nur eine Art von wirksamer Ventilationsvorrichtung: die Unmöglichkeit, Thüren und Fenster zu schliessen." Aehnliche Aeusserungen findet man bei allen Schriftstellern, welche Gelegenheit hatten, kriegschirurgische Lazarethe zu sehen. Bei Pyrogoff lesen wir es gesperrt gedruckt: „Die Ventilation muss sehr energisch und consequent durchgeführt werden." — Doch geschieht dies nicht überall. Bei mir ist, wie wohl bei Allen, welche sich die Sache etwas überlegt haben, die hohe Bedeutung der Ventilation für die Hygieine der Kriegsspitäler zur Ueberzeugung geworden. Es fehlt in der That auch weniger an der Ueberzeugung, als an der Durchführung derselben in praxi; dass die Durchführung möglich, darüber ist kein Zweifel. Die Zelte und Baraken sind nach dieser Richtung unersetzlich. Eine Compensation derselben leistete, freilich nur bis auf einen gewissen Grad, das von so mancher Seite empfohlene zeitweilige Versetzen der Verwundeten ins Freie, wie ich dies im Residenzgarten in Würzburg und einzelnen Lazarethen in Böhmen fand; ich wunderte mich nicht, dass diese Massregel nicht häufiger durchgeführt wurde; in Städten, in mehrstöckigen Gebäuden ohne passende Umgebung ist dieselbe nicht oder kaum anwendbar. Die Isolirung der Pyämischen, obwohl spärlich durchgeführt im letzten Kriege, scheint mir, trotz der gegentheiligen Ansicht Demme's, eine natürliche und gebotene Massregel und eignen sich auch hiezu weitaus am besten Zelte und Baraken. In einigen Lazarethen fand continuirliche Desinfection mit Chlorkalk statt; wenn ich mir auch nicht erlauben würde, diese Massregel als eine unnütze zu verwerfen, so schien sie mir doch neben einer consequenten Lüftung nicht absolut nothwendig zu sein; ein continuirlicher Luftwechsel ist wohl das beste Desinfectionsmittel und wo dieser stattfindet, wird auch das entwickelte Chlorgas sofort aus der Sphäre entfernt, in welcher es zu wirken bestimmt ist. Von grösserer Bedeutung schien mir die Art und Weise des Verbandes zu sein. Meine Beobachtungszeit war zu kurz, um einen hieher gehörenden Ausspruch eines tüchtigen Chirurgen, welcher in seinem Spitale sehr schöne Behandlungsresultate hatte, selbst prüfen zu können, dahingebend, „durch inamovible, speziell Gypsverbände sei die Pyämie zuweilen zu coupiren"; allein so viel wurde mir klar, dass die Methode des Verbandes einen Einfluss auf die Entwicklung der Pyämie hat, und wenn ich in dieser Beziehung dem Gypsverbande den Vorzug gebe, so werde ich hiefür die genauere Begründung liefern bei Behandlung derjenigen Verletzungen, welche zu Pyämie am meisten Anlass geben, den Schussfracturen der untern Extremität.

Die örtliche Behandlung der Wunden Pyämischer unterschied sich nicht von der Wundbehandlung im Allgemeinen; die örtlich angewandten Reinigungs- und Desinfectionsmittel variirten nach der in Capitel 2 angeführten Weise, und die Wunden wurden, weil sie in den meisten Fällen profus eitern und stinken, täglich zweimal (entgegen Neudörfer) verbunden. Von Erfolgen einer medizinischen Behandlung der Pyämie sah ich Nichts; Chinin als Tonicum und Antimiasmaticum, sowie Opium als symptematisches Mittel, behaupteten ihren Platz, es wurde, nach der Angabe eines preussischen Stabsapothekers, sehr viel Chinin verbraucht; ich hörte nirgends über dessen Wirkung speziell Erwähnenswerthes. Die Diät der Pyämischen war wie die der Verwundeten überhaupt, eine roborirende, so weit es der Zustand des Darmes erlaubte.

Kopfverletzungen.

Die Unmöglichkeit einerseits einer genauen Diagnose an den frischen Verletzungen und anderseits einer Verfolgung des Verlaufs bis zu Tod oder Genesung machte sich mir auf meinem cursorischen Lazarethbesuch nie fühlbarer als bei den in dieses interessante und zugleich difficile Capitel der Kriegschirurgie gehörenden Schosswunden. Indessen auch das Fragmentarische, was ich gesehen, war für mich, den Unerfahrenen, neu und von grossem Werthe und werde ich daher das von mir gesehene Material kurz notiren.

Auf dem süddeutschen Kriegsschauplatz begegnete ich 47 Kopfverletzungen, bei welchen sich die Schädelwunden zu den Gesichtswunden verhielten wie 3 zu 4. Nach Löfflers Statistik ist das Verhältniss wie 3 zu 2; er ist geneigt, der Kopfbedeckung einen gewissen Einfluss auf die Art der Kopfverletzung zuzuschreiben und weist mit Zahlen die geringere Gefährlichkeit derselben nach in dem einzigen Engagement der Preussen gegen die Dänen, in welchem erstere ihren Helm nicht ablegten. Es liesse sich denken, dass dieses Moment auch auf dem süddeutschen Kriegsschauplatz von Bedeutung geworden, und zur Erklärung der geringen Zahl

Schädelschüssen im Vergleich zu den Gesichtsschüssen benutzbar wäre; indessen, sollte sich auch herausstellen, dass dem Schädel durch eine helmartige Kopfbedeckung ein gewisser Schutz zu Theil würde, so dürfte dies doch heut zu Tage keinen Grund mehr abgeben, um den Soldaten mit Helm und Tschako länger zu belasten.

Was die Schädelverletzungen speziell betrifft, so ist sowohl eine genaue differentielle Diagnose, als in-Folge davon auch eine Statistik anerkannt sehr schwierig und oft unmöglich. In manchen Fällen, bemerkt wohl Löffler sehr wahrheitsgetreu, ist nicht zu unterscheiden, ob ein Weichtheilschuss den Schädel contundirt hat, es sei denn, dass derselbe Commotionserscheinungen des Gehirns hervorgerufen oder das Schädeldach äusserlich wahrnehmbar verletzt hat; ebenso ist die Unterscheidung zwischen Verletzung bloss der äussern, oder auch der innern Tafel unsicher und wenn beide Tafeln durchbrochen sind, so ist und bleibt man oft unsicher, ob die Hirnhäute und die Hirnsubstanz gerissen sind oder nicht. Vergleicht man dabei noch die verschiedenen Art und Weisen, wie diese Verletzungen klassifizirt werden, so scheint Löfflers Vorschlag, eine gemeinsame Norm zur Bezeichnung der Verletzungsformen aufzustellen, im Interesse einer fruchtbringenden Statistik sehr beachtenswerth.

Ich sah auf dem süddeutschen Kriegsschauplatz:

Weichtheilschüsse des Schädels . . . . . . 4.
Einbrüche, höchst wahrscheinlich nur der äussern
    Tafel . . . . 7.
Einbrüche, höchst wahrscheinlich beider Tafeln . 11.
Einbrüche mit Zerreissung von Hirn und Hirnhaut 1.
                          Summe: 28.

Alle diese Fälle, mit einer Ausnahme, befanden sich zur Zeit meines Besuchs so wohl, dass ihnen mit grosser

Wahrscheinlichkeit eine günstige Prognose gestellt werden konnte. Bemerkenswerth scheinen mir folgende Fälle.

1. Säbelhieb circa 4" lang über das linke Seitenwandbein nach rückwärts gegen das Hinterhauptsbein; weit klaffende, 1½" breite Wunde, Schädeldach durchhauen, die dura mater mit eiterigem Exsudat bedeckt, Gehirnpulsation sichtbar; Zustand am achten Tag nach der Verletzung ausgezeichnet. Behandlung Eis. 2. Granatsplitterverletzung des Seitenwandbeins; Schädeldepression; am siebenten Tage epileptiforme Anfälle; sonst keine Hirnerscheinungen. Behandlung mit Eis. 3. Schuss ins Schläfenbein; Eingangsöffnung hinter dem Ohr; Kugel steckt, ist fühlbar, sitzt aber zu fest, um extrahirt werden zu können; Verlust des Gehörs, sonst bis zum fünfzehnten Tag keine Gehirnerscheinungen. 4. Zwei parallel neben einander laufende, durch eine Knochenbrücke von nur einigen Linien getrennte, circa 3½" lange Säbelhiebe des linken Seitenwandbeins, mit blossgelegter dura mater und deutlicher Hirnpulsation. Daneben noch folgende Verletzungen: Hieb im Nacken bis auf die Wirbelsäule, mit Nachblutung aus der Occipitalis, über jede obere Extremität je 4 leichtere Säbelhiebe und endlich einen Säbelstich in die Hinterbacke. Leichte Lähmung der rechten Gesichtshälfte, mässiger Stupor; prognosis dubiosa. Es war ein bairischer Chevauxleger, welcher bei Uettingen gegen circa 12 preussische Husaren gekämpft haben soll.

Von Zerreissungen des Gehirns und seiner Häute sah ich nur einen Fall; ein blinder Schusskanal im Grosshirn mit Meningitis und bevorstehendem tödtlichem Ausgang. Die von mir beobachteten Heilungsverhältnisse der Einbrüche beider Tafeln sind, wie schon angeführt, sehr günstig, und scheint in der That die Zahl 50, welche von Löffler als Prozentzahl der Heilungen dieser Fälle beobachtet wurde, nicht die äusserste Grenze der Heilungsmöglichkeit zu sein. Die Behandlung der Schädelverletzungen war die gewöhnliche; Eis, Ruhe, Abführmittel, zuweilen eine Venäsection. Keine diagnostischen und prophylactischen Kreuzschnitte, einige Knopfnähte, kein

Heftpflaster, sondern gefensterte Leinwand und Charpie, mit Kopfnetzen festgehalten. Letztere scheinen mir sehr praktisch und empfehlenswerth. Von Trepanationen hörte ich nur von einer durch Prof. Lienhardt in Würzburg ausgeführten, über die ich aber nur folgende Notizen besitze: Verletzung am 24. Juli, Schuss ins linke Seitenwandbein in der Nähe des Scheitels; Kugel auf dem Schlachtfelde extrahirt; Schädeldepression; Transport nach Würzburg (einige Stunden) am Tag der Verletzung; am folgenden epilepsoide Anfälle, welche nach Venäsection auf einige Tage aussetzten, sich dann wiederholten und am 30. Juli zur Trepanation aufforderten; die Anfälle hörten auf und das Allgemeinbefinden war am 14. August sehr leidlich.

Jedenfalls scheint der gegenwärtige, bekannte Standpunkt in der Trepanationsfrage durch die Erfahrungen auf dem süddeutschen Kriegsschauplatz nicht wesentlich verrückt worden zu sein. — In der neusten hieher gehörigen Literatur spricht Neudörfer*) sich dahin aus, dass ein einziger Feldzug genüge, um sich von der Entbehrlichkeit der Trepanation zu überzeugen.

In Beziehung auf den Transport der schweren Schädelverletzten scheint ausser Zweifel zu stehen, dass derselbe oft einen ungünstigen Einfluss auf den Verlauf ausübt, und möchte auch ich, so sehr ich für das Zerstreuungssystem bin, diese Fälle nicht transportirt wissen.

Von Verletzungen des Gesichts sah ich in Süddeutschland: Weichtheilschüsse . . . . 7.
Oberkieferschüsse. . . . . 8.
Unterkieferschüsse . . . . 4.
Ober- und Unterkieferschüsse . . . 7.
Summe: 26.

---

*) Neudörfer, Handbuch der Kriegschirurgie; zweite Hälfte. Leipzig, 1867.

So entstellend und erschreckend diese Schüsse gewöhnlich aussehen, so sehr interessiren sie wegen der barroken Schusskanäle, die man hier oft findet, und so sehr ist man überrascht von der geringen Lebensgefährlichkeit der Schüsse dieser Gegend. — Eine relative Häufigkeit der Schüsse mit Eingang hinterm Ohr, und Ausgang am Oberkiefer fiel mir auf; es ist dies ein Schuss, welcher den Fliehenden vorzugsweise zu treffen scheint.

Zwei hieher gehörige Fälle zeichnen sich noch dadurch aus, dass sie die ominöse Gegend der fossa pterygopalatina, und sphenomaxillaris durchliefen, in welchen manchmal nicht zu stillende Blutungen vorkommen.

1. Eingang am processus mastoideus; der Schusskanal führt durch den weichen Gaumen in die Mundhöhle, und Patient gibt an, die Kugel ausgespuckt zu haben! Befinden sehr gut.

2. Eingang am process. mastoid.; Schusskanal führt in die Mundhöhle, die Kugel wendet sich nach Oben, durchbohrt den harten Gaumen, und verlässt neben der Nase den Oberkiefer; daselbst grosser Substanzverlust, durch welchen man auf die Zunge hinunter sieht. Geht ausgezeichnet.

Drei Mal waren die Oberkieferschüsse mit Verletzung der Orbita und consecutiver Atrophie des Bulbus vergesellschaftet. Das traurige Bild des Schusses durch beide Augen sah auch ich in einem Falle. Die Kugel war am obern und äussern Orbitalrand der einen Seite eingedrungen, durchlief die Augenhöhle, die Nasenwurzel und die Augenhöhle der andern Seite, und die Ausgangsöffnung befand sich am untern Orbitalrand.

Von den Schüssen durch Unterkiefer und Oberkiefer zugleich dürften zwei der Erwähnung verdienen.

1. Eingang der Kugel am Oberkiefer, Verletzung des ductus Stenonianus, Ausfluss von Speichel aus der Wunde; Kanal führt in die Mundhöhle und durch den Unterkieferknochen der entgegengesetzten Seite hinaus.

2. Eingang am Unterkiefer; Bruch desselben; Kanal durch harten Gaumen in die Nasenhöhle, Perforation der Nasenscheidewand und Austritt der Kugel durch das Nasenloch, welches in seinem ganzen Umfang arrodirt ist.

Die Therapie war rein expectativ. Complizirte Verbände wurden keine angelegt, sondern nur mit Charpie verbunden. Die Unterkiefer-Schussfracturen wurden mit einer einfachen Schleuder befestigt.

Wozu desshalb die Anleitung der Frater und Krankenwärter zum Anlegen complizirter Kopfverbände?

Halsschüsse.

Aus meiner allgemeinen Uebersicht der Schussverletzungen nach den Regionen geht hervor, dass auch auf dem süddeutschen Kriegsschauplatz das Verhältniss der Halswunden ungefähr dasselbe blieb, wie im amerikanischen, im italiänischen, im Krimmkrieg (englische Armee), und im letzten schleswig-holsteinischen Krieg: circa 2 %.

Die häufigsten Halsschüsse scheinen die in der Haut und den oberflächlichen Muskelschichten verlaufenden zu sein. Von den 12 Fällen, die ich gesehen, waren nur vier in den tiefern Schichten verlaufende; die übrigen Streifschüsse, solche, die den Hals eine Strecke weit unter der Haut umkreisten, solche, welche nur ihre Ausgangsöffnung am Hals, und die Eingangsöffnung an der Schulter, dem Schulterblatt, der Achselhöhle hatten. Einer derselben strich haarseilförmig zwischen Haut und Zungenbein in horizontaler Richtung vorbei; die in den ersten Tagen vorhanden gewesenen bedeutenden Schlingbeschwerden hatten am Tag meiner Besichtigung (der eilfte nach der Verletzung) ganz nachgelassen. Zu den nach den Schriftstellern, wie es scheint, häufig vorkommenden glücklichen Halsschüssen können auch folgende zwei gezählt werden:

1. Eingang beim Ringknorpel; theilweise Umkreisung desselben, Eindringen der Kugel unter den Sternocleidomastoideus und über das Gefässpaket weg nach Aussen.
2. Eingang zwei Zoll von der Mittellinie der Wirbelsäule in der Höhe der spina scapulæ; Ausgang neben dem Schildknorpel, allwo die Kugel, unter der Haut sitzend, herausgeschnitten wurde.

Ein bis auf die Wirbelsäule dringender Säbelhieb im Nacken, und ein Schuss in die Achselhöhle mit Verletzung des plexus brachialis verliefen günstig, dagegen kenne ich das Schicksal einer Schildknorpelschussfractur mit Laryngitis und Tracheotomie nicht.

Brustschüsse.

Von den 64 auf dem süddeutschen Kriegsschauplatz von mir gesehenen Verwundungen der Thoraxregion waren 43 penetrirende Schuss- und 2 Säbelstichwunden; 19 nicht penetrirende, von denen nur 2 dasselbe Individuum betreffende Säbelhiebe, die übrigen rührten von Flintenkugeln her. Es bestätigte sich demnach die schon mancherseits (Demme) gemachte Beobachtung, dass auch die cylindro-conischen Geschosse den Thorax ziemlich häufig contouriren und die ihnen zugeschriebene grössere Gefährlichkeit gegenüber den sphärischen Projectilen anfangs etwas zu hoch angeschlagen wurden; das Procentenverhältniss ergibt sich für die penetrirenden Brustschüsse 72 %, für die nicht penetrirenden 28 %. Warum auch diese Zahlen nur bedingten Werth haben, führte ich schon früher an.

Auf dem böhmischen Kriegsschauplatz sah ich lauter penetrirende Lungenschüsse, 27 an der Zahl, da die leichteren Verwundungen längst von daselbst verschwunden waren.

Eine genaue Trennung der penetrirenden Schüsse mit und ohne Lungenverletzung war mir nicht möglich durchzuführen, sowohl weil sehr oft die misslichen Verhältnisse des Kranken eine Untersuchung nicht zuliessen, als auch weil überhaupt anerkanntermassen die Diagnose oft unüberwindliche Schwierigkeiten bietet; so viel mir bekannt, ist dieselbe auch noch nirgends so durchgeführt worden, dass sie zu statistischen Zwecken benutzbar wäre.

Die Symptomatologie zunächst der äussern contourirenden Schüsse betreffend, sah ich 4 Fälle mit blinden Schusskanälen; in dem einen derselben sass die Kugel unter der Scapula, ohne die Beweglichkeit des Armes zu hindern, in den drei andern wurde dieselbe am Rücken herausgeschnitten. In einem Fall befanden sich Aus- und Eingangsöffnung in den beiden Deltoideis, in einem andern drang die Kugel neben dem Sternum in der Höhe der dritten Rippe herein und in der Mitte des gleichseitigen Oberarmfleisches heraus; Patient hatte die Verwundung in schiessender Stellung erhalten, in welcher der Schusskanal eine gerade Linie bildete; es war dies zugleich der einzige Fall von nicht penetrirendem Brustschuss, bei welchem es zu einer stärkern Contusion der Lunge und Entwicklung einer Pleuropneumonie kam. Ein Prellschuss, bei welchem das Projectil die vierte Rippe in fast senkrechter Richtung traf, ohne weiter zu dringen und den Knochen zu verletzen, belehrte mich, dass auch Spitzkugeln, wenn sie matt geworden, zurückprallen können.

Von den penetrirenden Wunden seien zuerst zwei Fälle von innerer Contourirung der Thoraxwand mit Streifung der Lunge erwähnt, deren Section ich beiwohnte:

1. Schuss zwischen vierter und fünfter Rippe am linken Sternalrand, keine Ausgangsöffnung; Erscheinungen des Pneumothorax; in der zweiten Woche nach der Verletzung plötzliche Anämie, Dyspnœ und Tod. Die Kugel war in schiefem Einfallswinkel in das cavum thoracis gedrungen, hatte den linken Lungenflügel gestreift, Herzbeutel und linke Herzkammerwandung contundirt, und war längs der pleura costalis bis zur siebenten Rippe in der Gegend der Axillarlinie gelangt; dort perforirte sie die pleura und blieb zwischen ihr und der Rippe stecken; Mediastinum mit Lungenrand verwachsen, an Herz und Herzbeutel deutlich eine bläulich livide Stelle sichtbar, und der linke Pleurasack mit massenhaften Blutcoagula gefüllt. Das den Hämatothorax bedingende arrodirte Lungengefäss konnte nicht aufgefunden werden.

2. Schuss-Eingang rechts neben der Wirbelsäule in der Höhe der Zwergfellinsertion; Ausgang rechts vorn in der Höhe der vierten Rippe, in der Mammillarlinie. Tod am achten Tage nach der Verletzung, unter den Erscheinungen hochgradiger Dyspnœ und Erschöpfung. — Die Kugel war über die Convexität des Zwergfells weg nach vorn, und an der innern Thoraxwandung hinauf bis zur vierten Rippe gelangt, hatte auf ihrem Wege den untern Lungenrand, das Zwergfell, die Lebercapsel und das Leberparenchym gequetscht, die Pleura gestreift und die vierte Rippe theilweise zersplittert. Entsprechend dem Laufe derselben fand man den ganzen rechten Pleurasack mit flüssigem Exsudat gefüllt, die pleura pulmon mit dickem plastischem Exsudat bedeckt; der untere Theil der Lunge pneumonisch infiltrirt, mit dem Zwergfell verwachsen, und dieses auf der untern Seite an der Lebercapsel adhärent; diese selbst verdickt, weisslich getrübt, und das Leberparenchym im Umfang eines Handtellers und etwa 1" in die Tiefe mürbe, stark gelb (hepatitis); das pleuritische Exsudat hatte eine galliggelbe Farbe angenommen. (Diffusionserscheinung von der Leber her nach dem Tod.)

Weitaus die meisten Fälle bildeten indess die das Lungenparenchym mit längerem Schusskanal meist von vorn nach hinten, und umgekehrt durchsetzenden, beide Brustwände penetrirenden Schüsse. Nur sieben Kugeln blieben in dem cavum thoracis, und zweie gelangten nur noch bis unter die Haut, und wurden dort herausgeschnitten. Dass ich keinen Schuss durch beide Lungen zu sehen bekam, spricht wohl deutlich für die grosse Gefährlichkeit dieser Verletzung. Ausser den gewöhnlichen Erscheinungen der Pleuropneumonie, bei welcher pleuritische Erscheinungen stets vorwiegten, ferner des Pneumothorax, Pyothorax, Pyopneumothorax, Empyem, traf ich auch einen Fall von Lungengangrän, und ein sehr ausgesprochenes Emphysem der ganzen obern Körperhälfte bis zur Mitte der Oberschenkel, welches nach 8 Tagen vollständig verschwunden war; es betraf einen Lungenschuss mit blindem Schusskanal, der auch im Uebrigen sehr günstig verlief, und wo die durch die Wunde aus der Lunge hervordringende Luft sich im Hautzellgewebe in so weitem Umfange gefangen hatte. — Das charackteristische, am raschesten zur Diagnose der Lungenverletzung führende Symptom des Blutbustens fand auch ich allerdings in allen Fällen von Lungenparenchymschüssen; allein auch einige Patienten mit nicht penetrirenden Schüssen gaben mir an, dass sie ein oder zwei Tage Blut gespien haben. Eine Bestätigung der bekannten Thatsache, dass durch contusionirende Thoraxschüsse Hämorrhagien in der Lunge entstehen können.

Prognostisch schienen sich meine beobachteten Fälle im Vergleich zu den bisherigen Angaben mancher Kriegschirurgen recht ordentlich zu stellen. Von den nicht penetrirenden Schüssen boten alle günstige Prognose; und wenn ich diejenigen penetrirenden Lungenschüsse vom süddeutschen Kriegsschauplatz zusammenstelle, von denen ich genaue Notizen über ihren Zustand zur Zeit meiner Visite besitze, so finde ich von 45 Fällen:

In Heilung Begriffene und Solche mit entschieden günstiger Prognose 21 Fälle. 46 %.

Gestorbene und Solche mit irgendwie zweifelhafter oder ungünstiger Prognose 24 Fälle. 54 %.

Wenn diese Zahlen auch nur annähernd richtig sind, weil ich mir über die Zahl der in den ersten Tagen Gestorbenen keine genaue Auskunft verschaffen konnte, und über das Schicksal der noch Lebenden erst nach einigen Jahren endgültig entschieden werden könnte, so dürften sie doch einigen Werth haben, weil wir noch so wenig derartige Angaben besitzen.

Demme's Mortalitätsprocent, welches sich freilich nur auf Schüsse mit Eingeweideverletzungen bezieht, und wobei also die penetrirenden Schüsse ohne Verletzung des Lungengewebes nicht mit eingerechnet wären, beträgt 61.

Am günstigsten verliefen die Schüsse, welche die Lungen nur auf kurzen Strecken durchliefen, so die Schüsse in die Lungenspitzen, und diejenigen, welche seitlich am Rücken eindrangen und nach wenigen Zollen ihres Verlaufs innerhalb der Thoraxwandung, dieselbe wieder verliessen. Ebenso waren die zwei anfangs citirten Säbelstiche im Rücken nach 14 Tagen vollständig geheilt. Die Fälle mit ungünstigem Ausgang zeigten die Erscheinungen der Pyämie mit jauchigem Ausfluss aus den Wunden, der Erschöpfung, der sich zur Erstickung steigernden Dyspnœ und der Anämie bei innern Blutungen. Schlimme Prognose boten auch sämmtliche mit Schussfracturen der obern Extremitäten complizirte Fälle, zu welchen auch folgender gehört:

Eine Flintenkugel dringt in der Gegend des Humeruskopfes ein, und gelangt in die Lunge; keine Ausgangsöffnung. Resection des humerus von Oberstabsarzt Beck auf dem Schlachtfelde gemacht; hämorrhagisches Exsudat und Pneumonie; in der zweiten Woche plötzlich heftige Dyspnœ und Tod. Die Section ergibt einen mit Blut gefüllten Pleurasack, comprimirte Lunge, und in der arteria subclavia ein Knochensplitter, welcher vom Schlüsselbein herrührt; die Kugel war unter demselben durchgedrungen, und lag zwischen Oesophagus und Trachea, ohne dass Patient und Arzt durch Halsbeschwerden auf diesen Sitz am Lebenden aufmerksam gemacht worden wären.

Die Lungenschüsse ohne Ausgangsöffnung waren in der Mehrzahl ungünstig in der Prognose; nur einer derselben zeigte ganz unbedeutende Lungenerscheinungen, und seine Eingangsöffnung heilte per primam intentionem!

Als Curiosum sei die Section einer Doppelperforation der Brust und Bauchhöhle erwähnt, wo die Kugel unterhalb der Herzspitze hinein- und unterhalb der letzten Rippe am Rücken herausdrang. Am Leben hatte sich ein maschiges Gewebe aus der vordern Wunde gedrängt, es war Dyspnœ und Bluthusten da, man glaubte es mit einem prolapsus pulm. zu thun zu haben. Patient starb an Erschöpfung, ohne peritonitische Erscheinungen, am zehnten Tag. Das prolabirte Gebilde erwies sich als Netz, und Milz und Zwergfell waren durchschossen.

In Beziehung auf die Therapie beobachtete ich Folgendes:

Die Forschungen nach Kugeln und Rippensplittern wurden stets nur vorsichtig und ohne eingreifende Manipulationen oder Operationen angestellt. Die Wunden wurden auch bei Stichwunden nie zugenäht, sondern für einen möglichst freien Abfluss des Eiters durch zweckmässige Lagerung des Kranken gesorgt; weder allgemeine noch örtliche Blutentziehungen gemacht; keine Thoracocenthese und keine Drainage angewandt, weder Brechweinstein noch Laxanzen verschrieben, sondern für Ruhe, gut ventilirte Räume und gute Nahrung bei einfacher Deckung der Wunde gesorgt. Die Erfolge scheinen mir für diese Behandlung und namentlich gegen die Blutentziehungen und den Tartar. stibiat. zu sprechen, welche Medication im italiänischen Feldzug noch so reichlich geübt worden zu sein scheint.

Becken- und Unterleibsschüsse.

Ueber die Häufigkeit ihres Vorkommens habe ich früher bereits Einiges notirt; bei meiner kurzen Besprechung derselben halte ich die Eintheilung in nichtpenetrirende und penetrirende Schüsse fest.

Nichtpenetrirende Unterleibsschüsse habe ich nur zwei notirt; einen Streifschuss in der Magengegend und eine Kartätschverletzung der Unterbauchgegend; die nichtpenetrirenden Schüsse des Beckens habe ich zum Theil als Gesässschüsse unter den Oberschenkelfleischschüssen angeführt, weil sie sehr häufig ihre eine Wundöffnung in diesem, ihre andere in jenem Körpertheil haben; zum Theil gehören sie unter die Rubrik der Verletzungen der Geschlechtstheile. Von letzteren traf ich eine verhältnissmässig ziemlich bedeutende Anzahl, was wohl von ihrer Nachbarschaft zu demjenigen Körpertheil herrührt, welcher überhaupt am meisten den Kugeln ausgesetzt zu sein scheint, dem Oberschenkel. In der That fand ich auch die grössere Anzahl derselben mit Oberschenkel- und Gesässfleischwunden complicirt; von 15 Fällen zeigten 8 dieses Verhältniss. Dreimal sah ich reine Eichelschüsse, 6 Mal waren ein oder beide Hoden verletzt, 4 Mal nur der Hodensack, 2 Mal mit vollständigem Prolapsus beider unverletzter Hoden. Das an diesen Theilen öfter auftretende Gangrän traf auch ich in einem Falle, wo die untere Hälfte des Hodensackes abgestossen und beide Hoden bloss lagen. Dreimal sah ich eine Complication mit Harnröhrenverletzungen am Damme; in zwei Fällen war nach vielfachen Versuchen das Einführen des Katheders möglich geworden, und dem Urin dadurch sein normaler Abzugskanal verschafft; im dritten Fall war dies, trotz Bemühungen von sehr erfahrner Hand, nicht möglich gewesen; der Urin floss durch die Wunde, ohne jedoch bis dahin (zehnter Tag) bedenkliche Erscheinungen von Harninfiltration nach sich zu ziehen.

Von der grossen Gefährlichkeit der perforirenden Unterleib- und Beckenschüsse war mir deren seltenes Erscheinen in den Lazarethen der beste, übrigens längst gelieferte Beweis. Nach Löfflers Zusammenstellungen stellt sich die Mortalität derselben selbst über diejenige der penetrirenden Brust- und Kopfwunden. Doch fehlte es auch hier nicht an günstig verlaufenden Fällen: Drei Fälle von Verletzungen des colon ascendens, ein Leberschuss mit Abfluss von Galle, ein den Magen von rechts nach links in einer Länge von 5—6" perforirender Schuss verliefen günstig. — Ebenso heilten mehrere doppeltperforirende Beckenschüsse mit auffallend geringen Erscheinungen; ferner einige Schambeinfracturen und Hüftbeinbrüche. Die Beckenschüsse ohne Ausgangsöffnung traf ich öfter an; dieselben zeichneten sich, wie immer, aus durch die Schwierigkeit, die Projectile zu finden, und durch die häufigen sie begleitenden Lähmungen, Neuralgien und langwierigen Eiterungen.

Schüsse durch Blase und Rectum sah ich mehrere; von einem Blasenschuss, bei welchem der Urin aus der Eingangsöffnung in der Glutealgegend längere Zeit floss, constatirte ich die Heilung; von einem in Gitschin vorgekommenen Heilungsfall bekam ich zuverlässige Nachricht. Das Schicksal der Rectumschüsse ist mir nicht bekannt; einer derselben, bei welchem die Kugel durch

beide Glutei und durch das Rectum gedrungen, und
bei welchem die fæces aus beiden Wundöffnungen dran-
gen, verdient besonders notirt zu werden.

Das therapeutische Handeln bei diesen Verletzungen
bestund, nur aphoristisch angedeutet, in Folgendem:

Prolabirte Hoden wurden reponirt, bei Harnröhren-
verletzung stets und wiederholt die Einführung des Katheders versucht (die Punction der Blase sah ich nie
ausführen); die Darmverletzungen waren der Art, dass
sie expectativ behandelt, resp. die Bildung eines Anus
præternaturalis abgewartet wurde. Nach den im Becken
steckenden Projectilen wurde zwar genau, oft nur zu
viel und zu häufig und umsonst geforscht, aber ihre
Extraction, trotz des ängstlichen Drängens und Bittens
des Patienten, nicht forcirt.

Wirbelsäuleschüsse.

Ich traf sowohl einfache Commotionen der Wirbelsäule als Streifschüsse derselben, bei welchen gewöhnlich die Kugel seitlich eindrang, und einen processus
spinos. zerschmetterte; eine Commotion des Halstheils
hatte Lähmung aller 4 Extremitäten zur Folge, welche
sich aber bald wieder zu bessern anfing, und ein Schuss,
welcher den proc. spinos. des sechsten Brustwirbels traf,
war dadurch bemerkenswerth, dass er zugleich unter
beiden Schulterblättern durchdrang. In 3 Fällen war
die Kugel in der Wirbelsäule stecken geblieben, und
der Verlauf dabei günstig; einmal konnte das Projectil
aus dem Körper des zwölften Brustwirbels ohne Nachtheil extrahirt werden. Symtomatologie und Therapie
dieser Verletzungen boten mir Nichts hier zu Erwäh-
nendes, dagegen sind zwei zur Section gekommene Fälle

mit Eröffnung des Wirbelkanals einer kurzen Bemerkung werth.

Der Eine, hatte einen das linke os ilei perforirenden Flintenschuss bekommen, bot die Erscheinungen der Peritonitis, und in den letzten Tagen der Blasenlähmung, und starb am siebenten Tage. Der Schusskanal verlief durch den linken musc. psoas in den letzten Lendenwirbel; die unversehrte Kugel steckte im Wirbelkanal; das retroperitonäle Zellgewebe unter dem psoas war eiterig infiltrirt bis hinauf zur Niere. — Der andere Fall war ein von hinten in die Lendengegend durch die Wirbelsäule eindringender Schuss, welcher am zehnten Tag lethal endete, und wo sich die Kugel, in der hintern Wand der Bauchaorta von einem Blutkoagulum umgeben, steckend fand.

Verletzungen der obern Extremitäten.

Von 194 hiehergehörigen Wunden vom süddeutschen Kriegsschauplatz fallen 104 auf die Knochen, 90 waren Fleischwunden. Ausser 8 Verletzungen durch Granatsplitter, 2 Bajonettstichen und einer Anzahl Säbelwunden, bei 5 Verwundeten, rührten die Verletzungen alle von Flintenkugeln her. Die Schusskanäle durchsetzten das Glied meistens in einer mehr oder weniger zur Axe desselben verticalen Richtung; doch nahmen die Kugeln bei den mannigfachen Stellungen, in welchen die Extremität den feindlichen Geschossen ausgesetzt war, oft einen seltsamen Lauf.

Bei einem in der Schiessstellung erhaltenen Weichtheilschusse, verlief die Kugel von der Schulter längs des Oberarmknochens bis zum Ellenbogengelenk, wo sie sitzen blieb und herausgeschnitten wurde; bei einem andern, beim Laden erhaltenen Schusse, drang die Kugel am innern Rande des Schulterblattes ein, lief unter letzterem durch, wandte sich gegen die Schultergegend, und kam an der Mitte des Oberarms wieder zum Vorschein. Eine gewisse Zahl von Schusskanälen drang zwischen den Knochen des Vorderarms und der Hand durch, ohne die Knochen zu verletzen; eine derartige Kugel war auf einen der Aermelknöpfe geprallt, hatte denselben rinnenförmig gekrümmt, und war dann, ohne ihre Form zu ändern, zwischen Radius und Ulna eingedrungen, und dort herausgeschnitten worden.

Weitaus die meisten Schusskanäle waren vollständige, und nur in sehr wenigen Fällen, ich notirte deren nur sechs, musste die Kugel extrahirt werden. In einem dieser Fälle war die Kugel in die Achselhöhle bis auf das die Arteria axillaris umhüllende Zellgewebe gedrungen, dort sitzen geblieben, und wurde auf dem Verbandplatze herausgeschnitten. — Die Complication mit Gefässverletzungen war indess sehr selten; ich hörte nur von einer einzigen primären Blutung aus diesen Regionen.

Ein bei Rossbrunn verwundeter Baier hatte einen Schuss ins Schultergelenk bekommen, und dabei, nach seiner Angabe, stark geblutet; trotzdem die Blutung, wie sich später erwies, aus der art. axillaris kam, konnte sie ohne Unterbindung gestillt, und der Kranke nach Würzburg transportirt werden. Nach sechs Tagen, nachdem ein Splitter extrahirt worden, trat eine Nachblutung ein, welche sich noch dreimal wiederholte, jedesmal durch Tamponade mit ferr. perchlor. gestillt werden konnte, jedoch schliesslich zur Exarticulation im Schultergelenk Anlass gab. Der Schuss war vorn in der Höhe des anatomischen Halses eingedrungen, hatte diesen zersplittert, und der Ausgang fand sich $1/_4$ Zoll von der Mitte der Spina scapulæ entfernt. Es wurde mit dem Lappenovalairschnitt operirt, und nach Unterbindung der Axillaris, eingedenk der nicht selten vorkommenden Verletzung der Arterie hoch oben durch einen Knochensplitter oder durch die Kugel, die mit Blutcoagulis angefüllte Wunde genau inspizirt; in der That fand sich die Arterie über der Unterbindungsstelle arrodirt, und es musste die Subclavia über dem Schlüsselbeine unterbunden werden. Schliesslich wurde noch ein Stück der Gelenkpfanne mit der Resectionszange abgetragen. Patient starb nach einigen Tagen an Pyämie, deren Beginn schon vor der Operation sich durch einzelne Symptome manifestirt hatte.

Nachblutungen sah ich ausserdem noch in vier Fällen. Einmal aus der art. interossea bei einer Schussfractur des Vorderarmes; die Blutung stand durch Tamponade mit perchlorid ferri; ein ander Mal bei einer Schussfractur des Oberarms; es waren wiederholte Blutungen, jauchiger Eiter und Schüttelfröste aufgetreten, welche die Amputation forderten. Dieselbe wurde am sechszehnten Tage nach der Verletzung ausgeführt; Patient überstand dieselbe nicht; schon während der Operation mussten Wiederbelebungsversuche angestellt werden, und als ich denselben eine Stunde nach der Operation wieder sah, war er pulslos, respirirte kurz und aussetzend, sprach einige undeutliche, unzusammenhängende Worte, und verschied eine halbe Stunde später. Es schien mir dies ein Fall zum Versuche der Transfusion gewesen zu sein. — Bei einem Weichtheilschuss der Schulter konnte die Nachblutung durch Erweiterung der Eingangsöffnung und Unterbindung einiger kleiner Arterienästchen gestillt werden, und wiederholte sich nicht mehr.

Von jenen ominösen Nachblutungen bei Schussverletzungen des Schulterblattes sah ich ebenfalls einen Fall.

Ein Kartätschfragment hatte die Scapula zersplittert; die erste Nachblutung konnte durch Tamponade gestillt werden; eine zweite stärkere jedoch nicht; um die Gefahren der Unterbindung der Subclavia zu umgehen, wurde während 36 Stunden die Digitalcompression derselben gemacht, durch Krankenwärter, die sich von Viertelstunde zu Viertelstunde ablösten, weil Niemand diese mühsame Arbeit länger auszuhalten vermochte. Patient, der am Verbluten war, wurde gerettet; als ich denselben sah (Militairspital Würzburg), war er wohlauf, und die Wunde secernirte einen guten Eiter.

Complication mit Verletzungen der Nerven sah ich viermal; dreimal war es der plexus brachialis, welcher durch Schulterschüsse getroffen, und Lähmungen verschiedenen Grades zur Folge hatte; diese letzteren boten indess eine günstige Prognose, und die anfangs vollständige Lähmung war bereits wieder in leichtere Parese übergegangen. — Einmal hatte die Kugel den nervus radialis am Ellenbogen getroffen; einzelne Fetzen des Nerven hatten sich bereits durch die Wunde ausgestossen.

und Patient hatte bedeutende permanente Schmerzen in den dem Verbreitungsbezirk entsprechenden Partbien der Hand.

Weitaus grösseres Interesse boten die so zahlreich vertretenen Schussfracturen. Die Verletzungen der Clavicula und Scapula waren sehr selten; ausser dem angeführten Falle sah ich in Süddeutschland keine; dagegen wurde mir in Böhmen eine gutgeheilte complicirte Fractur der Clavicula, eine geheilte Schulterblattfractur und ein totaler Verlust eines Schulterblattes präsentirt; letzterer Fall, eine Rarität, stund in der Behandlung der Hrn. Dr. Löwig im preussischen Lazarethe zu Horenowic; eine Vollkugel hatte den Knochen vollständig wegrasirt; die enorme Wunde sah indess vortrefflich aus, und wenn auch Patient bedeutend abgemagert war, so war doch eine ganz günstige Prognose zu stellen.

Die übrigen Knochenverletzungen gruppirten sich nach Weglassung von 5 Knochenstreifschüssen folgendermassen:

Süddeutschland.

		Davon wurden operirt	conservativ behandelt
Schulter	6	—	6
Oberarm	18	4	14
Vorderarm	21	—	21
Hand	15	1	14
Schultergelenk	9	7	2
Ellenbogengelenk	23	10	13
Handgelenk	7	2	5
	99	24	75

Ausserdem sah ich auf dem böhmischen Kriegsschauplatz noch folgende Fälle und Behandlungsresultate:

Böhmen.

	conservativ		operirt
	günstig	ungünstig	
Oberarm	8	1	9
Vorderarm	7	—	1
Hand	5	—	—
Schultergelenk	5	—	12
Ellenbogengelenk	9	3	11
Handgelenk	3	—	—
	37	4	33

Summa: 41

Die von mir notirten Operationen auf beiden Kriegsschauplätzen vertheilen sich nach Region und Charakter wie folgt:

Süddeutschland.

	primär	secundär
Oberarmamputationen	1	7
Vorderarmamputationen	—	3
Schultergelenkresectionen	1	2
Ellenbogenresectionen	—	5
Schulterexarticulationen	—	4
Fingerexarticulation	—	1
	2	22

Böhmen.

	günstig	ungünstig
Oberarmamputationen	8	1
Vorderarmamputationen	1	—
Schultergelenkresectionen	7	2
Ellenbogenresectionen	9	2
Schultergelenkexarticulationen	2	1
	27	6

Mit Ausnahme einer Oberarmamputation und einer Ellenbogenresection waren sämmtliche von mir in Böhmen notirte hiehergehörige Operationen secundär. Da alle diese Zahlen das Material nur in unvollständiger Weise umfassen, so können auch die aus denselben gezogenen Schlüsse keine genau präcisirten sein. Im Allgemeinen geht aus dieser Uebersicht hervor, dass die conservative Behandlung sich einer grossen Anerkennung und günstiger Resultate erfreute, dass dagegen die primären Operationen sehr spärlich, jedenfalls zu spärlich ausgeführt worden sind.

Speziell die Verwundungen des Schultergelenkes betreffend, so überzeugte ich mich von der mancherseits berührten Thatsache, dass in einzelnen Fällen eine Diagnose der Fractur der das Gelenk bildenden Knochen nicht genau zu machen ist; während z. B. in einem Falle constatirt wurde, dass der process. coracoideus zersplittert, das Gelenk eröffnet, aber der Oberarmknochen intact sei, war es mir in drei andern Fällen nicht möglich, hierüber genaue Aufklärung zu bekommen; ich habe dieselben daher einfach als Verletzungen der Schulter notirt. Dass die expectative Behandlung der Schultergelenkverletzungen von günstigem Erfolg begleitet sein kann, beweisen die fünf in Böhmen gesehenen Heilungsfälle. Nebst einem festen Verbande (Gyps), und, wo nöthig, ergiebigen Incisionen bei gehemmtem Eiterabfluss, war die Behandlung die bei Schusswunden im Allgemeinen gebräuchliche. Die Anwendung der Drainage sah ich nur in einem Falle, durch einen würtembergischen Militairarzt in Mergentheim; über den Erfolg besitze ich keine Notizen. Die conservative Behandlung bildete überhaupt hier nicht die Regel; auf dem süddeutschen Kriegsschauplatz habe ich von 9 Schultergelenkverletzungen 7 operirte gesehen; und in Böhmen worden von meinen 17 Fällen 12 operirt. Im Ganzen kamen auf 19 operirte Fälle 12 Resectionen, und die übrigen waren Exarticulationen. — Dabei wurde 11 Mal secundär, und nur einmal primär operirt; es war letzterer ein wegen Complication mit Lungenverletzung tödtlich verlaufender Fall, wo die Operation auf dem Verbandplatze ausgeführt worden. Aus der Seltenheit der primären Operation schliesse ich indessen nicht, dass dieselbe bei den Chirurgen in geringerem Werthe stund. Von mehr wie einer Seite hörte ich zu Gunsten der Frühresection sprechen und schien mir jene Ansicht welche theilweise auch in der neusten Literatur*) ihre Vertretung findet, immer mehr Boden zu gewinnen, nach welcher für die Spätresection keine durchschlagenden Gründe und gegen die Frühresection im Krieg hauptsächlich der hindernde Umstand angeführt werden kann, dass die in den ersten Stunden nach dem Gefecht zu karg zugemessene Zeit nicht hinreiche, die Resection auszuführen, und dass sie auch bis dahin nicht allen Feldärzten geläufig genug ist, daher mehr den Chefärzten in den Lazarethen überlassen werden musste. Beide Hindernisse lassen sich durch Mehrung des ärztlichen Personals und durch Abhaltung von sich wiederholenden Operationskursen in Friedenszeiten beseitigen.

Die Methode der Resection war die allgemein gebräuchliche, mit einem Längsschnitt an der vordern Seite des Gelenks nach Aussen vom processus coracoideus. Eröffnung der Gelenkkapsel mit einem halbmondförmigen Schnitt, unter Fixirung des fracturirten Gelenkkopfes mit einer starken Zange. In einem von Prof. Lienhardt operirten Falle war der Kopf in eine Reihe von losen

---

*) Ochwadt l. c. - Scholz: Amputation und Resection bei Gelenkverletzungen. Wien 1866.

Stücken zersplittert, was den Act der Exarticulation sehr erschwerte. Der Verband nach der Operation bestand in Fixirung des Arms am Rumpfe durch eine wattirte Schiene, die durch einige Circeltouren um Arm und Rumpf befestigt wurde; in die Achselhöhle wurde ein kleines Kissen gelegt, welches der Tendenz des Oberarms, sich nach Innen zu dislociren, entgegenwirken sollte, und der Vorderarm wurde durch eine Mitella in gebeugter Stallung erhalten. — Die partielle Resection des Humerus sah ich in einem Falle von doppelter Verletzung des Oberarmknochens; ausser einer theilweisen Zerschmetterung des Kopfes und einer etwa 2" langen Spaltung des Halses war eine Cumminutiffractur in der Mitte der Diaphyse desselben Knochens vorhanden; die zerstörten Theile des Kopfes und Halses wurden durch einen den Knochen nur zur Hälfte trennenden Sägeschnitt entfernt, und im Uebrigen gleich wie bei der gewöhnlichen Resection verfahren; die Diaphysenfractur hatte schon eine Reihe zu entfernender Knochensplitter geliefert und trotzdem waren beide Wunden, als ich den Patienten sah (circa 5 Wochen nach der Verletzung) entschieden in Heilung begriffen. Bei einem österreichischen Verwundeten in Königgrätz sah ich eine Doppelresection des rechten Humerus- und des linken Ellenbogengelenkes an demselben Individuum; die beiden Operationen waren vor 14 Tagen, wenn ich nicht irre, gleichzeitig ausgeführt worden und das Befinden des Patienten bei meinem Besuche ein recht leidliches. In Prag sah ich eine von Prof. v. Dumreicher ausgeführte Humerusresection, welche wegen der höchst seltenen Zerstörung des Kopfes durch einen Bajonettstich nothwendig geworden war, und sehr günstig verlief. — Die Erfolge der Resection waren im Ganzen offenbar günstig, wie aus dem Schicksal der wenigen von mir gesehenen

Fälle hervorgehen dürfte: von 12 Operirten kenne ich 7 sichere Heilungen; einen achten sah ich nach der Operation nicht mehr und die 4 ungünstig verlaufenen Fälle waren solche mit unglücklichen, nicht der Operation direct zuzuschreibenden Complicationen; einmal Trismus am 8. Tage nach der Operation, einmal Complication mit Lungenschuss, einmal mit Oberschenkelschussfractur und das vierte Mal wurde die Resection in der 6. Woche nach der Verletzung gemacht, nachdem sich Pyämie bereits entwickelt hatte.

Die Exarticulation im Schultergelenk notirte ich sieben Mal; die Indication zu derselben lieferte meistens die zu grosse Ausdehnung der Splitterung des Oberarmknochens; die Operationsmethode war der Pyrogoff'sche Lappenovalairschnitt, mit Vollendung des Lappens erst nach der Exarticulation und unter Compression der Axillaris im Lappen selbst. Als Beleg für Pyrogoff's Bemerkung, dass die art. axillaris oft hoch oben lädirt sei und die subclavia unterbunden werden muss, dient der bereits oben beschriebene Fall. Die Erfolge schienen nicht weniger günstig als bei der Resection. Zwei Fälle starben wenige Tage nach der Operation, nachdem vorher schon Pyämie und Anämie zu derselben als ultimum refugium aufforderten; zwei waren geheilt oder in Heilung, einer dubios und einer starb an Pyämie, die erst nach der Operation aufgetreten.

Die Schussfracturen des Oberarmschaftes boten im Allgemeinen eine günstige Prognose; sehr wenige derselben wurden operirt und weitaus die grössere Zahl von Oberarmamputationen wurde gemacht wegen Zertrümmerungen des Ellenbogengelenkes. Die conservative Methode hatte hier das Terrain vollständig besetzt und schien eine allgemein anerkannte und ausgemachte Sache. Schon im letzten Kriege gegen Dänemark indessen wurde derselbe Standpunkt eingenommen und Ochwadt notirt unter den 73 beim II. schweren Feldlazareth ausgeführten Operationen nur eine Exarticulation wegen Zertrümmerung des Oberarmknochens. — Die Behandlung bestand in bald möglichster Anlegung von festen Verbänden, von denen ich Pappverbände, Schienenverbände, gefensterte Gypsverbände, Wasserglas- und Quarkverbände, dann die Mayor-Baudens'schen Schalen aus Drahtgeflecht, Schalen aus Weissblech mit zurückschlagbaren Klappen, nenne; das Zweischalensystem sah ich sehr selten anwenden, unter Anderm in Form der Dürr'schen Guttapercha-Schalen. Indessen alle diese Verbände erreichten mehr oder weniger ihren Zweck, die Fälle heilten, da die Oberarmschussfractur eine verhältnissmässig leichte, und günstig verlaufende Knochenverletzung genannt werden kann. Nach meiner auf der Reise gewonnenen persönlichen Anschauung muss ich den gefensterten, inamoviblen Gypsverbänden vor Allen andern den Vorzug geben. — Die beiden neuesten Verbandarten, Wasserglas- und Quarkverbände, scheinen keine Zukunft in der kriegschirurgischen Praxis zu haben. Ersterer, den ich in Würzburg von 2 Civilärzten anwenden sah, besteht aus einer concentrirten Lösung von kieselsaurem Kali, welche mit einem kleberhaltigen Mehl zu einem flüssigen Brei zusammengerührt wird; in diesen werden die Binden getaucht und die wattirte Extremität damit eingewickelt; der Verband ist leichter als der Gypsverband, jedoch nicht, wie man glaubte, für Flüssigkeit, respective Eiter undurchdringlich; sein grösster Nachtheil ist jedoch sein langsames Trocknen (circa 6 Stunden). Derselbe entscheidende Mangel klebt dem Quarkverbande an; geronnene Milch mit Kalkhydrat werden zu einem Brei angerührt und die Binden damit bestrichen; der Verband ist leicht und kann die damit

versehene Extremität ins Wasserbad gebracht werden,
ohne dass der Verband leidet; die Versuche mit demselben wurden im Garnisonsspital II in Prag von Prof.
Herrmann gemacht.

Die Verletzungen des Ellenbogengelenks gaben auch
in diesem Feldzuge reichlichen Anlass zu der für dieses
Gelenk besonders accreditirten Resection. Von 46 von
mir notirten Ellenbogengelenkschüssen wurden 16 resecirt, 4 amputirt, einer gab Anlass zur Exarticulation im
Schultergelenk und 25 wurden conservativ behandelt.
Die Tendenz, die Amputation des Oberarms bei diesen
Verletzungen zu vermeiden, war eine allgemeine und
dürfte die beraubende Methode für zukünftige Kriege
nur noch dann als indizirt betrachtet werden, wenn die
Weichtheile, wie z. B. durch Granatsplitter in weitem
Umfange verletzt, wenn die arteria brachialis eröffnet
oder die Zertrümmerung der Knochen eine zu ausgedehnte ist. — Warum die conservative Methode so häufig hier in Anwendung kam, erlaube ich mir nicht zu
beurtheilen; dieselbe ist nach übereinstimmendem Urtheil der neueren Literatur der Resection nachzusetzen,
denn ihr Schlussresultat ist Anchylose des Gelenkes,
während bei der Resection meist eine gewisse willkürliche Beweglichkeit, selten ein Schlottergelenk zurückbleibt, und die Mortalität nach der bisherigen Statistik
bei derselben geringer ist. — Von den 23 Fällen, über
deren Schicksal ich Notizen zu sammeln Gelegenheit
hatte, waren von 11 Operirten nur 2 und von 12 curatif-expectatif Behandelten nur 3 an Pyämie gestorben.
Die conservative Behandlung bestand in Anlegung von
Schalenverbänden mit weiter Klappe, Gypsverbänden,
einfacher Lagerung auf Kissen und Wasserbädern. Die
operative Methode war fast in allen Fällen die Langenbeck'sche, mit einem einfachen Langsschnitt an der hin-

tern Seite des Gelenks, am innern Rande des Olecranon, oder dann die Liston'sche Methode mit einem zweiten Schnitt vom Humeroradial-Gelenk senkrecht auf den ersten. Es wurden partielle und totale Resectionen gemacht, und die Nachbehandlung bestand entweder in einfacher Kissenlagerung, oder in Anwendung von Blechschalen mit Klappen, und gefenstertem Gypsverband; letzterer hauptsächlich in preussischen Lazarethen, erstere namentlich in Süddeutschland.

Die Verletzungen der Vorderarmknochen wurden alle conservativ behandelt; ebenso bildete diese Behandlung die Regel bei den Verletzungen des Handgelenks, der Mittelhand- und Fingerknochen. Ruhige Lage, Eisbehandlung, später in der Eiterungsperiode permanente Wasserbäder bildeten die gewöhnliche Behandlung; Resectionen und Enucleationen im Handgelenke, Finger-Operationen sah ich, mit Ausnahme einer Exarticulation des Zeigfingers, keine, weil alle diese Verwundungen zur Zeit meines Besuches schon vom Kriegsschauplatz verschwunden waren.

Schussverletzungen der untern Extremität.

Auf 494 hiehergehörige Verletzungen kommen 286 Fleischwunden, 162 Knochenverletzungen und 47 Gelenkschüsse; entspricht einem Procentverhältniss von

58 % Fleischschüssen.
33 % Knochenschüssen,
9 % Gelenksschüssen.

Ich glaube, diese Zahlen werden bei der jetzigen Kriegführung und Bewaffnung so ziemlich der Wirklichkeit entsprechen und liesse sich daher annehmen, dass von sämmtlichen Verletzungen der untern Extremität circa 42 %, Knochen- und Gelenkwunden eines gewissen, bei der Kriegsbereitschaft zu berücksichtigenden Verbandmaterials bedürftig sind; kennt man einmal genauer das Verhältniss der Verletzungen der untern Extremität zu sämmtlichen im letzten Kriege vorgekommenen Schusswunden, so lässt sich der Bedarf an Ambulance- und Spitalmaterial hieraus berechnen.

Von sämmtlichen Verletzungen waren nur 26 nicht von Flintenkugeln herrührend, und zwar 24 Granatsplitterverwundungen, ein Säbel- und ein Bajonettstich. 16 Mal traf ich zwei Schüsse an den demselben Individuum angehörenden untern Extremitäten, 11 Mal Schüsse ohne Ausgangsöffnung, 10 Mal kamen Kugelextractionen vor, einmal nur fand ich eine Zersplitterung der Flintenkugel, resp. zwei Ausschussöffnungen, und 9 Mal waren die Verletzungen mit bedeutenden Spät- und Nachblutungen complizirt. Von diesen letztern erwähne ich folgende Fälle:

1. Bei einem Fleischschusse in der Mitte des Oberschenkels mit typischem vollständigem Flintenschusskanal trat am 10. Tag der Verletzung, bei völlig normal verlaufender Eiterung, plötzlich eine heftige arterielle Blutung aus beiden Wundöffnungen auf, nachdem einige Minuten lang Schmerz im Verlaufe des nerv ischiadicus vorausgegangen war; beide Wundöffnungen wurden mit Charpie sogleich tamponirt und eine Rollbinde fest angelegt; unmittelbar nachher wurde die art cruralis unterbunden und die ganze Extremität mit einer Flanellbinde eingewickelt. Ausserdem sah Ich noch bei 2 Oberschenkelfleischwunden Blutungen entstehen; bei einer derselben musste, nachdem die art femoralis umsonst unterbunden worden war, zur Amputation des Oberschenkels Zuflucht genommen werden. Die art femoralis war angeschossen. Patient lebt.

Ich zog mir aus diesen Fällen die Lehre, dass, um solche Blutungen möglichst zu vermeiden, jedenfalls bei

Oberschenkelfleischschüssen ein Transport in den ersten Wochen vermieden werden müsse.

Ein auf dem Verbandplatz am Oberschenkel Amputirter blutete am achten Tage ohne bestimmte Veranlassung; der anwesende Krankenwärter comprimirte die cruralis und ¼ Stunde nachher war dieselbe unterbunden; die Compression im infiltrirten Stumpf war sehr schmerzhaft und musste Patient chloroformirt werden; dagegen war die Trennung des die Arterie umgebenden Zellgewebes in Folge der Auflockerung durch die seröse Infiltration bedeutend erleichtert. Der Fall verlief, nach späteren mündlichen Berichten von Oberstabsarzt Beck, sehr gut. Ein analoger Fall ging in der Folge an Pyämie zu Grunde.

Am öftersten traf ich die Blutungen bei Oberschenkelschussfracturen.

In einem Falle, wo die Blutung nach angelegtem Gypsverbande auftrat, konnte sie durch Tamponade gestillt werden; bei einem andern wurde die arteria iliaca unterbunden und die Unterbindung wiederholt, nachdem die Arterie an der Unterbindungsstelle verjaucht und die Blutung abermals aufgetreten war; als ich den Fall sah, war die Prognose sehr dubios.

Zwei hieher gehörige Fälle endeten tödtlich; bei dem einen Fall wurde wegen der Blutung die Exarticulation im Hüftgelenke gemacht, und bei dem andern wiederholte sich die durch Digitalcompression gestillte Blutung in der Nacht, und Patient verblutete, weil ärztliche Hülfe nicht rasch genug zur Hand war; die Transfusion, zu welcher der Bruder des Verwundeten das Blut hergab, blieb ohne Erfolg.

Ueberhaupt sah und hörte ich, um es gleich hier zu erwähnen, von keinem Erfolge der Transfusion. Indessen, wenn auch die Erwartungen, die man von derselben hegt, bis dahin nicht in Erfüllung gegangen, so gehören doch, angesichts früherer constatirter Lebensrettungen, die Instrumente zu derselben in unsere Ambulancen. Von jenen ominösen, mit Pyämie in Verbindung stehenden parenchymatösen Blutungen sah ich ebenfalls einen Fall.

Durch Sturz mit dem Pferde hatte sich ein bairischer Kürassier eine complicirte Fractur des malleolus internus zugezogen; es trat profuse Eiterung ein, Abscessbildung bis zum Knie, welche, da sich pyämische Erscheinungen zeigten, zur Unterschenkelamputation aufforderte; Blutungen am 5. und 6. Tage nach der Operation, wegen welcher, weil die übrigen Mittel versagten, zur Oberschenkelamputation geschritten werden musste; am Tage nach derselben parenchymatöse Blutung, welche durch Eis stund; starke Anämie, Convulsionen, sehr ungünstige Prognose.

Ueber die primären Blutungen auf dem Schlachtfelde kann ich nichts berichten; über die grössere oder geringere Frequenz derselben scheint man sich noch nicht klar zu sein, und würde auch in dieser Richtung eine genauere Visitation der Gefallenen die reichsten Aufschlüsse geben.

Ausser dieser Disposition zu Blutungen boten mir die Fleischschüsse der untern Extremität kein besonderes, weder wissenschaftliches noch praktisches Interesse; ein Fall von Granatsplitterverletzung jedoch scheint mir erwähnenswerth; die bei meinem Besuche sehr hübsch aussehende Fleischwunde am Oberschenkel mass 60 Centimeter im Umfang.

Das höchste Interesse dagegen boten die Knochenverletzungen der untern Extremität und speziell die Comminutivfracturen des Oberschenkels; nicht nur weil dieselben eine in den Lazarethen sehr häufig vorkommende schwere Verwundungsform darstellen, sondern auch ganz besonders desshalb, weil ihre Behandlung eine der wichtigsten und schwierigsten Aufgaben der Militärärzte ausmacht. Bei den weit lebensgefährlicheren Verletzungen der Kopf-, Brust- und Baucheingeweide ist das ärztliche Handeln ein mehr expectatives; bei den Oberschenkelschussfracturen und den Knieschüssen dagegen, welche nach den Eingeweidschüssen die meiste Morta-

lität zeigen, handelt es sich um bestimmte Indicationen
des ärztlichen Handelns; vom Arzte hängt es factisch
und öfter als gewöhnlich ab, ob der Kranke lebe oder
sterbe, ob er zum Krüppel werde, oder ob ihm ein leidlicher Gebrauch seiner Extremität zu Theil werden solle.
Die Feststellung gewisser Normen der Behandlung dieser Verletzungen ist gegenwärtig vielleicht die wichtigste
Aufgabe der Kriegschirurgie, und zweifle ich nicht, dass
das Jahr 1866 das Seinige beitragen wird, um diese
Frage ihrer Lösung näher zu führen.

Die Behandlung dieser Verletzungen beginnt auf dem
Schlachtfelde selbst; es war mir leider nicht vergönnt,
durch eigene Anschauung mein Urtheil über das Wirken
des Sanitätspersonals daselbst zu bilden. Unter zahlreichen Mittheilungen der Aerzte der verschiedenen
Länder und Armeen, hörte ich vielfach betonen, dass
als eine der wichtigsten therapeutischen Rücksichten bei
der conservativen Behandlung der Oberschenkelschussfracturen die Vermeidung eines Wagentransportes sei.
Ich möchte mich dieser Ansicht warm anschliessen. Bei
der höchst schwierigen Aufgabe, welche uns in Behandlung dieser Fälle entgegentritt, erscheint es als eine
dringende Nothwendigkeit, alle Momente zu vermeiden,
welche auf den Verlauf der Verwundung ungünstig einwirken können. Wer könnte aber läugnen, dass bei
einer Verletzung, wie die uns beschäftigende, wo die
leiseste Bewegung Schmerz, Zerrung, Friction in den
getroffenen Knochen- und Weichtheilen hervorruft, ein
Transport die entzündliche Reizung und Schwellung
begünstigen und vermehren muss? Wenn ich mich an
die Fahrt erinnere, welche ich in der Nacht vom 25.
August in Begleitung eines schweizerischen und badischen Collegen von der Höhe von Chlum hinunter gegen
Königgrätz in einem böhmischen, mit Stroh gepolsterten

Bauernwagen machte, wenn ich mich erinnere, was damals unsere gesunden Glieder erfahren mussten, so muss ich die Unglücklichen beklagen, welche einige Wochen vorher denselben Weg in demselben Wagen mit Oberschenkelschussfracturen zurückgelegt haben mögen. Und wie trefflich kommt uns da die Anwendung des Zeltsystems auf und um das Schlachtfeld zu statten. Allerdings kann, wie Heine*) anräth, durch Anlegung eines inamovibeln, respective Gypsverbandes, den Transportinsulten bedeutend, allein doch nicht vollkommen vorgebeugt werden; und warum dieselben nicht ganz vermeiden, wenn dadurch gleichzeitig eine zweckmässige Unterkunft dieser Verwundeten verbunden werden kann? Diese Massregel der Behandlung der Schussfracturen der untern Extremitäten wurde im letzten Kriege noch nicht ihrem ganzen Umfange nach durchgeführt; wohl traf ich in den meisten Ortschaften, wo Gefechte stattgefunden, Lazarethe, die hauptsächlich diese Art Verwundungen beherbergten; so in Tauberbischofsheim, Uettingen, Aschaffenburg, Kissingen, Grossrinderfeld, Werbach, Laufach; dann in Nachod, Trautenau, Rettendorf, Königinhof, in den das Schlachtfeld von Königgrätz umgebenden Dörfchen und Flecken; allein eine ziemliche Anzahl derselben hatten, allerdings meistens mit Gypsverbänden versehen, in Süddeutschland den mehrstündigen Wagentransport z. B. nach Würzburg, in Böhmen die Tagreise nach Prag und s. f. machen müssen; einerseits weil Oesterreich in Folge zu späten Beitritts zur Genfer Convention seine Verwundeten nicht gut auf dem vom Feinde besetzten Terrain besorgen

---

*) Dr. Heine: Die ärztliche Thätigkeit auf den Verbandplätzen und die Bewerkstelligung des Transportes. Allgemeine militärärztliche Zeitung Nr. 26. 1866.

konnte, anderseits, weil in Süddeutschland das Zeltsystem nicht angewandt wurde. Indess zweifle ich nicht, dass in einem folgenden Krieg diese Massregel noch mehr zur Geltung kommen werde; nach meiner Ueberzeugung ist sie geboten, zweckmässig und auch durchführbar.

In Beziehung auf die chirurgische Behandlung sind mir zwei Thatsachen mit grosser Bestimmtheit entgegen getreten; erstens der Triumpf der conservativen Chirurgie, und zweitens der Vorzug des Gypsverbandes bei weitaus der grössern Zahl der Oberschenkelcomminutivfracturen im Feld. — Schon seit einer Reihe von Jahren ist die erstere Frage Gegenstand des lebhaftesten Interesses aller Kriegschirurgen. Nach Demme hat schon im italiänischen Kriege die früher vorherrschende beraubende Methode einen entschiedenen Rückschlag erhalten, und wenn auch im letzten Kriege gegen Dänemark, aus Ochwadt's Mittheilungen zu schliessen, die conservative Methode, selbst bei den die günstigste Prognose bietenden Verletzungen des untern Drittels des femur, keine erfreulichen Resultate geliefert zu haben scheint, so zweifle ich gegentheilig nicht daran, dass der diesjährige Krieg in seinen chirurgischen Resultaten mit Erfolg eine Lanze für die conservative Methode brechen wird.

Von 205 Oberschenkelschussfracturen, welche ich gesehen, fallen 144 auf den böhmischen, 61 auf den süddeutschen Kriegsschauplatz; erstere sah ich in der fünften bis achten Woche, letztere in der ersten bis dritten Woche nach der Verletzung. Unter diesen traf ich nur 43 Operirte, also ein Verhältniss der Nichtoperirten zu den Operirten wie 5 : 1. In der Krimm war das Verhältniss wie 1 : 5 (Chenu und Legouest), in Italien 1 : 2,5. — Angenommen nun auch, es habe sich eine gewisse Anzahl lethal verlaufener Fälle meiner Controlle entzogen und es sei unter diesen die Zahl der Operirten grösser als die der conservativ Behandelten, so dürfte doch aus der Vergleichung dieser Verhältnisszahlen mit Bestimmtheit hervorgehen, dass im letzten Kriege die conservative Methode einen bedeutenden Vorsprung vor der beraubenden erlangt hat.

Wähle ich aus diesen Fällen diejenigen aus, welche mich in Beziehung auf die Prognose ausser Zweifel liessen, so finde ich unter 115 Verwundeten 96, welche entweder bereits geheilt, oder eine entschieden günstige Prognose gestatteten, und 17 Fälle, die entschieden ungünstig oder zweifelhaft waren. Die übrigen 47 nicht operirten Fälle enthalten noch zur grössern Hälfte solche, welche wahrscheinlicher mit Heilung als mit Tod geendet haben werden, denn sie gehören fast alle zu denjenigen, die ich in Böhmen, also in einem Stadium traf, in welchem die Pyämie ihre Opfer nur noch ausnahmsweise fordert. Das Heilungsverhältniss der conservativ Behandelten würde daher lauten: 85% günstige, 15% ungünstige Resultate. Vergleichen wir hiemit die Resultate in der Krimm: 37% günstig, 63% ungünstig; und in Italien: 56% günstig, 44% ungünstig, so bin ich zwar auch hier weit entfernt, meine Zahlen als massgebend zu betrachten, da ich mir der Fehlerquellen, denen sie unterliegen, wohl bewusst bin; allein so viel dürfte aus denselben hervorgehen, dass die conservative Methode in diesem Feldzuge wohl mehr als in den früheren und auch mit mehr Glück versucht worden ist.

Die conservative Behandlung bestand, nach Entfernung der ganz losen Knochensplitter und Stillung allfälliger Blutungen, in dem Anlegen eines Verbandes, dessen Charakter je nach den verschiedenen Armeen und den herrschenden Ansichten ein verschiedener war. Ich sah einfache Contentivverbände mit Längsschienen und Rollbinden, mit und ohne Extensions-Apparate, Schalenverbände aus Gutta percha, Pappschalen, Mayor Bauden'sche Schalen aus Drahtgeflecht, den Beck'schen Apparat, eine Combination des planum inclinatum duplex mit den Schalenapparaten, die amerikanische Drahtschiene von Smith, dann planum inclinatum duplex, Pott'sche Seitenlage, endlich Gypsverbände. Das Nähere über diese Verbände ist ziemlich bekannt.

Ich erlaube mir nur folgende Notizen über dieselben beizufügen. Der Guttapercha-Verband, hauptsächlich von dem würtembergischen Regimentsarzt Dürr geübt, besteht aus einer Mischung von:

    Gutta percha . . 10 Theile.
    Colophonium . . 3 »
    Axung. porci . . 4 »

Dieselbe wird erwärmt, auf eine grosse Compresse gegossen, welche die Masse beiderseits einschliesst und so der Oberschenkel eingewickelt; bis die Masse hart geworden, was schon in ¼ Stunde geschehen kann, wird dieselbe mit Bindentouren umwickelt und nachher der Verband durch zwei Längsschnitte in einen doppelten Schalenverband umgewandelt. Der Verband ist fest, sehr leicht und da dieselbe Masse umgeschmolzen und öfter gebraucht werden kann, so ist das Material verhältnissmässig nicht so theuer. Das Pfund kostet 1 fl. Der Verband schien mir sehr viel für sich zu haben, und wäre ich im Verlauf meiner Beobachtungen nicht mehr noch für den unbeweglichen Gypsverband eingenommen worden, so würde ich nicht anstehen, denselben sehr zu empfehlen. Bei der amerikanischen Schiene von Smith, einer der neusten Verbandmethoden, die ich von preussischen Aerzten auf dem böhmischen Kriegsschauplatz hin und wieder anwenden sah, ist die Extremität rechtwinklich gebogen, befindet sich in der Schwebestellung, und zur Fixirung derselben dient ein auf der obern Seite der Extremität doppelt verlaufender dicker Eisendraht; an demselben wird die gut mit Watte gepolsterte Extremität mit Rollbinden befestigt und die den Wundöffnungen entsprechenden Stellen offen gelassen; ein am Fussende des Bettes befestigter senkrechter, eiserner oder hölzerner Stab, welcher in einer gewissen Höhe sich wagrecht gegen den Kranken neigt, dient als Aufhängepunkt für zwei leichte Stricke, an denen die Extremität befestigt und schwebend erhalten wird. In einzelnen wenigen Fällen sah ich dasselbe Princip durch eine Modification des Gypsverbandes vertreten; der letztere war nämlich in rechtwinkliger Stellung der Extremität angelegt, und dieselbe dann schwebend erhalten worden.

Es sind dies die einzigen Fälle, in welchen ich das Princip der Schwebe vertreten fand, welches, wie unser Divisionsarzt Dr. Brière*) in seinem trefflichen Bericht erwähnt, schon in Italien 1859 fast ganz vermisst wurde. Die Smith'sche Schiene ist in der europäischen Kriegspraxis noch nicht genügend geprüft; die sie anwendenden Aerzte sprechen sich ziemlich günstig über dieselbe aus; indessen fehlt auch hier eine möglichste Immobilität der Fragmente und eine möglichste gegenseitige Adaptation derselben; in mehreren Fällen beobachtete ich eine Winkelstellung derselben nach unten, und in andern, Drucksymptome am Unterschenkel durch die Drahtstangen. — Die Gypsverbände fanden eine ausgedehnte Anwendung bei den preussischen Aerzten sowohl, als bei einem Theile der österreichischen; weniger in den bairischen, würtembergischen und badischen Lazarethen.

---

*) Dr. Brière: Rapport au conseil fédéral sur une visite faite aux hôpitaux des armées en Italie 1859.

Eine grosse Zahl derselben wurde von den das Schlachtfeld behauptenden Preussen schon auf dem Verbandplatze nach der gewöhnlichen Manier mit gegypsten Rollbinden und Auftragen einer Gypsbreischicht darüber angelegt, in den Lazarethen längere Zeit liegen gelassen, allenfalls später, wenn nöthig, wieder erneuert; andere applizirte man erst in den Lazarethen, aber überall mit wenigen Ausnahmen war man von denselben befriedigt, und schienen mir in der grössern Mehrzahl der Fälle die Erfolge die günstigsten zu sein. Die Vortheile, welche diese, schon vom Divisionsarzt F. Wieland in seinem bemerkenswerthen Berichte aus dem italiänischen Feldzug*), hervorgehobenen Verbände bieten, scheinen mir folgende: Durch denselben können die Nachtheile des Transportes, wenn auch nicht vollständig, doch, wie durch keinen andern Verband vermieden werden. Das Zerspringen desselben während des Transportes, welches da und dort beobachtet worden sein soll, kann nur sehr ausnahmsweise und bei schlechter Gypsqualität vorkommen. Das Anlegen des Verbandes nimmt keine zu grosse Zeit in Anspruch, vorausgesetzt, dass der Gyps gut und schnell trocknend ist; übrigens könnten, wie es auch bei uns geschieht, die Frater und Krankenwärter zur Anlegung des Verbandes eingeübt und so Zeit gewonnen werden. Wahr ist's, die Qualität des Gypses war nicht immer befriedigend; einige Mal hörte ich, dass er während des Feldzuges zu Grunde gegangen, und dass auch ein erneuertes Brennen desselben nicht viel genützt habe. Indessen wird man durch frische Auffüllung der Vorräthe bei Beginn der Feldzugs und durch frische Nachsendungen während demselben diesem

---

*) F. Wieland: Bericht an das eidgenössische Militairdepartement über die Reise nach Italien etc. 1859.

Uebelstande vorbeugen können; vielleicht wird es auch technisch ermöglicht werden können, den Gyps haltbarer zu machen. Im Stadium der entzündlichen Anschwellung bildet der Gypsverband ein treffliches Antiphlogisticum, nicht nur durch die dem Gliede mitgetheilte gleichmässige Compression, sondern auch durch die Unbeweglichkeit der Fragmente und Splitter, und Vermeidung aller Schmerz und Reiz setzenden Zerrung und Reibung derselben; die der Länge nach halbirten Gypsverbände, die Gypscapseln und Rinnen haben diesen Vortheil der Immobilität nicht in demselben Masse, und obwohl sie den Vorzug haben, dass sie zum Voraus geformt werden können, und eine tägliche Visitation der ganzen Extremität gestatten, sah ich dieselben doch höchst selten in Anwendung bringen. Der Gypsverband kann hübsch rein gehalten werden. Die Fensteröffnungen dürfen ergiebig sein, ohne dass der Verband dadurch an Festigkeit einbüsst, und die Manschettirung derselben mit Bindenstreifen, die in Dammarharzlösung, Collodium etc. getaucht sind, sowie die täglich erneuerte Wattaausstopfung des Raumes zwischen den Fenster-Rändern und der Extremität, schützt den Verband vor Eiterimbibition. Das Anlegen der Fenster geschah fast überall durch Marquirung derselben vor der Einwickelung mit den Gypsbinden und nachheriges Ausschneiden mit einem Hackenmesser. Das Marquiren bewerkstelligte man entweder durch Auftragen eines starken Charpie- oder Baumwollenpfropfes über den Wundstellen, durch Bedecken der letztern mit der Hülfte einer rohen, ausgehöhlten Kartoffel, oder, was mir fast am besten einleuchtete, durch einen Heftpflasterstreifen, welcher mit dem einen Ende dicht neben der Wundöffnung aufgeklebt bei Anlegung der Gypsbinden leicht geschont werden und mit seinem andern Ende die Stelle der

Wunde nach angelegtem Verbande andeuten kann. Die von Heine vorgeschlagene Manier, an der gesunden Extremität die Wundstellen anzudeuten und nach angelegtem Verband auf letztern zu übertragen, sah ich nirgends anwenden, doch scheint mir das Verfahren recht praktisch. Das im Interesse der Reinlichkeit mir durchaus nothwendig erscheinende und fast überall geübte tägliche zweimalige Verbinden der Wunden ist bei keiner Behandlungsweise so leicht durchzuführen, als beim Gypsverbande. Sehr oft befindet sich nämlich die eine Wundöffnung an der hintern Seite des Schenkels, und der letztere muss, soll die Wunde gereinigt, ausgespritzt werden, in die Höhe gehoben werden. Während hiezu, wenn die Extremität, wie in der Pott'schen Seitenlage und dem planum inclinatum, freiliegt, mehrere Gehülfen nöthig sind, und dennoch nur unter bedeutenden Schmerzäusserungen des Kranken die Reinigung vorgenommen werden kann, hebt ein einziger Wärter den in Gyps liegenden Schenkel ohne Schmerz für den Patienten in die Höhe. — Das Material endlich zum Gypsverbande ist billig und leicht transportabel. — Indessen entging auch mir nicht, dass im Verlaufe der Behandlung einzelne Fälle sich für Gyps als nicht gut geeignet zeigen. Das Hervorquellen der Muskulatur durch die Gypsfenster, die dadurch erfolgende Incarceration der betreffenden Partien wird in einzelnen Fällen so schmerzhaft, dass der Verband abgenommen werden muss; dieselbe Nothwendigkeit tritt ein, wenn schmerzhafte Abscessbildungen sich zeigen. Zum Aufschneiden des Verbandes eignete sich am besten ein Hackenmesser und die von Prof. Bruns in neuester Zeit angegebene Modification der Gypsscheere. Die Extremität wurde dann einige Zeit in die Drahthose, in die Papprinne oder in den Schienenverband gelegt, und in manchen Fällen später, wenn die Anschwellung der Weichtheile etwas nachgelassen, wenn allfällige Abscesse geöffnet worden waren, ein neuer Gypsverband mit einem Abscessfenster applizirt. — Das planum inclinatum duplex und die Pott'sche Seitenlage schienen mir nur für wenige Fälle geeignet zu sein; allerdings hörte ich auch von einigen Patienten, die nur diese Lage ihrer Extremität vertragen konnten, und schliesslich heilten; allein die starke Dislocation der Fragmente, die Reizung der verletzten Partien bei der leisesten Bewegung, das Hinunterrutschen vom Kissen während der Nacht, welches ich öfter beobachtete, die Schmerzhaftigkeit und Umständlichkeit jeder Verbanderneuerung, schienen mir im Allgemeinen den Entzündungsreiz und die Eiterung vermehren und die Consolidation verzögern zu müssen. Am meisten accreditirt schien mir das planum inclinatum duplex bei den hohen Comminutivfracturen zu sein, wo der Gypsverband seine Fähigkeit zu immobilisiren theilweise verliert. Recht praktisch schien mir in dieser Richtung ein dieses System repräsentirender Apparat von Oberstabsarzt Beck, welcher mit Charnieren versehen, der Extremität jede beliebige Winkelstellung zu geben im Stande ist.

Ueber die Resultate der conservativen Behandlung kann ich folgende Zahlen mittheilen: Von 148 Fällen notirte ich 78 mit Gyps und 70 mit einer der übrigen Methoden Behandelte; von ersteren waren 11/12 geheilt oder in Heilung, von letztern nur $\frac{1}{2}$. Da mir das Verhältniss der früher und später Gestorbenen nicht bekannt ist, so haben auch diese Zahlen nur relativen Werth; vergleiche ich sie indessen mit denjenigen Demme's aus dem italiänischen Kriege, wo der Gyps im Ganzen wenig angewandt wurde, und etwas mehr als die Hälfte der Fälle heilten, so ist wohl der Schluss kein unrichtiger, dass die günstigen Resultate dieses Feldzuges zum Theil der Gypsbehandlung zuzuschreiben sind. Der Grad der Verkürzung bei den geheilten Fällen war ein sehr verschiedener; ich sah solche mit Verkürzung von nur einigen Linien, von 1", 1½", 2", 3", 4", ohne den höheren oder geringeren Grad einer besondern Behandlung zuschreiben zu können; indessen bleibt diese Frage, bei einer Verletzung, wo man froh sein muss, wenn Patient mit dem Leben oder ohne Verlust der Extremität davon kommt, von untergeordneter Bedeutung. — Die Schussfracturen im untern Drittel des Femur heilten öfter, als diejenigen des oberen Drittels. — Erwähnenswerth sind zwei Fälle von Doppelverletzungen: bei dem einen war an jeder Extremität eine Comminutivfractur des Oberschenkels, bei dem andern eine Oberschenkelschussfractur am einen, und eine Unterschenkelschussfractur am andern Schenkel; der erstere Fall war bereits geheilt, der zweite zeigte bei meinem Besuche pyämische Erscheinungen.

Die Amputation des zerschmetterten Oberschenkels scheint ebenfalls günstigere Resultate geliefert zu haben, als in den früheren Kriegen. Von 48 Operationen, von denen ich einzelnen assistirend beiwohnte, waren 32 in Heilung, oder zeigten eine günstige Prognose; 9 verliefen ungünstig; es ist ausser allem Zweifel, dass sich bei einer alle hiehergehörigen Fälle umfassenden Statistik das Verhältniss wesentlich anders, resp. für die Heilresultate ungünstiger stellen wird. Kaum indessen dürften die Mortalitätszahlen so ungünstig werden wie in Italien, wo circa ⅖, und wie in Dänemark, wo nach Ochwadt ⅙ der Operirten starben.

Gewiss werden hier die zwei Thatsachen aus dem diesjährigen Kriege vortheilhaft ins Gewicht fallen:

erstens die vorgenommenen primären Operationen und zweitens die Vermeidung eines Transportes der Amputirten.

Ich notirte 10 primäre Amputationen und alle waren geheilt oder in Heilung. Die Vorzüge des primären operativen Eingriffes wurden mir mancherseits geäussert und die Ursache, warum derselbe noch nicht mehr geübt worden, lag hauptsächlich in hindernden äusseren Umständen, Mangel an Zeit und Personal. Ich notirte eine Reihe der verschiedensten Operationen, welche am dritten, vierten, fünften, sechsten etc. Tag ausgeführt wurden, bei welchen höchst wahrscheinlich die Indication zur Operation schon am ersten Tag vorhanden gewesen war und deren Resultate unter der Verspätung der Operation leiden mussten. Nach Prof. Socin haben auch in Verona eine ziemliche Zahl Operationen im Reactionsstadium gemacht werden müssen. Der Zeitverlust, der in dieser Beziehung durch den Transport herbeigeführt wird, könnte am besten durch das Operiren in der Nähe des Schlachtfeldes unter Zelten vermieden werden.*)

Die Methoden der Operation waren der einseitige Cirkelschnitt und der Lappenschnitt; ersterer mehr in der untern Hälfte des Oberschenkels, letzterer mehr in den Fällen, wo es sich darum handelte, wegen Fractur in der oberen Hälfte, möglichst viel Weichtheile zu ersparen, um den Knochen möglichst tief unten absetzen zu können; man richtete sich dabei weniger nach der methodischen Bildung eines vordern und hintern oder innern und äussern Lappens, als nach der Richtung des Schusskanals, dem man mit seiner jauchig-eiterigen Umgebung auszuweichen suchte. — Eine gewisse Anzahl

---

*) Zu demselben Schlusse kam man in Dänemark. Vergleiche Ochwadt l. c. pag. 227.

conischer Stümpfe fiel mir auf; indessen wenn man bedenkt, wie schwer die Retraction der durchschnittenen Muskelpartien bei jungen, kräftigen Individuen, mit denen man es hier zu thun hat, in genügender Weise durchzuführen ist, wenn man bedenkt, wie durch nachfolgende profuse Eiterungen die Weichtheile leicht zerstört werden können, so ist wohl diese Erscheinung leicht erklärlich. Die Amputationen im untern und mittlern Drittel waren die gewöhnlichen, im obern Drittel suchte man sie um jeden Preis zu vermeiden, da sie nach den bisherigen Erfahrungen eine recht schlechte Prognose geben.

Bei allen Amputationen, sowie allen Operationen wurde chloroformirt, ohne dass ich von einem Unglücksfall gehört hätte. Man bediente sich hiebei auffallend selten des Esmarch'schen Apparates, welcher im Kriege gegen Dänemark als sehr zweckmässig anerkannt wurde. — Nach genauer Blutstillung, wobei Knochenblutungen zuweilen die Punction mit der glühenden Nadel erheischten, wurde die Amputationswunde, wenigstens bei den secundären Operationen, nicht genäht, sondern wie eine eiternde Wunde behandelt. Hiebei kann ich nicht umhin einen, wie mir schien recht zweckmässigen Ersatz des Heftpflasters zu erwähnen, welchen ich in der Abtheilung des badischen Oberstabsarztes Dr. Beck kennen lernte. Es sind in eine arabische Gummilösung getauchte Leinwandstreifen, welche die nöthige Klebekraft, und daneben die angenehme Eigenschaft besitzen, dass sie leichter von der Haut sich lösen lassen, dieselbe nicht beschmieren, und stets leicht und frisch hergestellt werden können. Es schiene mir von Vortheil, wenn dieses Verbandmittel an die Stelle des Heftpflasters treten, und die mühsame Bereitung des letzteren dadurch wegfallen könnte. Ueber den Transport von Amputationsstümpfen im Gypsverband, sowie über die Entzündung des Stumpfes, Osteomyelitis etc. besitze ich keine Beobachtungen.

Die Resection der Diaphysis femoris sah ich nur in einem Falle; die Operation wurde in der oberen Hälfte des Knochens gemacht; es war profuse Jauchung eingetreten, und die Prognose bei meinem Besuche dubios.

Verletzungen des Kniegelenkes.

Ausser etwa 8 Verletzungen der äussern Weichtheile des Gelenkapparates, die ich mir in Süddeutschland aufzeichnete, traf ich auf beiden Kriegsschauplätzen 46 Eröffnungen des Gelenkes, meist mit, selten ohne Knochenzertrümmerung. Ueber die ungewohnten Erfolge der conservativen Behandlung dieser Verletzungen war ich erstaunt; ich notirte:

1. Heilung oder ganz günstige Prognose bietend 25 Fälle.
2. Dubiöse oder Sterbende 21 Fälle.
3. Am Oberschenkel Amputirte 9 Fälle.

Wenn auch auf die Zahlen 2 und 3 weniger Werth zu legen ist, weil sie nicht alle Fälle umfassen, so ist doch die Zahl 25 von grosser Wichtigkeit und Interesse. — In der neusten Arbeit über Gelenkverletzungen von Regimentsarzt Scholz,[*] in welcher der gegenwärtige Standpunkt in Behandlung der Kniegelenkwunden gezeichnet wird, heisst es: „Bei allen mit Kapseleröffnung und mit Knochenverletzung complizirten Kniegelenkswunden gilt noch immer die primäre Amputation des Oberschenkels als leider nur sehr unsicheres Rettungsmittel." Dieser Standpunkt wird durch die Er-

---

[*] Scholz l. c. pag. 155.

fahrungen des diesjährigen Krieges geändert, und der conservativen Chirurgie ein grösserer Theil des Terrains eingeräumt werden müssen.

Bei der erhaltenden Methode war ausser der Vermeidung von Transport, die Application eines festen Verbandes und die Eisbehandlung die Hauptsache. Von den günstig verlaufenden Fällen waren abermals entschieden die grössere Zahl mit dem Gypsverbande versehen worden, während unter den dubiösen und schlechten Fällen der Gyps weit seltener figurirt. Die Eisbehandlung wurde manchmal auch während des Eiterungsstadiums vier und mehr Wochen lang mit dem besten Erfolge fortgesetzt (Nach Esmarch.) Stecken gebliebene Kugeln schien man nicht unter allen Umständen gleich entfernt zu haben, sondern wenn sie zu tief lagen, wartete man die Eiterung ab, wo dann nicht nur das Gelenk auf einen operativen Eingriff nicht so heftig reagirte, sondern auch zuweilen die Kugel lockerer sitzt, und leichter zu entfernen ist. Von den seltenen Beispielen der Einkapselung des Projectils im Gelenk, sah ich ebenfalls einen Fall; die Heilung war unter vollständiger Anchylose des Gelenkes bei meinem Besuche (Trautenau) bereits erfolgt.

Der ungünstige Verlauf der Fälle wurde meistens durch Eintritt von Pyämie bedingt.

Unter den Amputirten befanden sich zwei primär, zwei secundär, im Ganzen vier glücklich operirte, von denen einer wegen beginnender Pyämie, ein anderer wegen Gangränescenz der Schusswunde sich der Operation hatten unterziehen müssen. 5 Operirte (alle secundär, z. B. am fünften, achten Tag), verfielen wegen Pyämie und Gangrän dem Tode. — Mehrere Mal überzeugte ich mich, wie schwer sich die Knieverletzten zur Amputation bewegen lassen; die Wunde scheint ihnen, namentlich im Anfange keine so bedeutende zu sein; die Extremität ist noch zum Theil brauchbar, und die Schmerzhaftigkeit ist offenbar auch hier anfangs nicht bedeutend. Ein bairischer Kürassier erzählte mir, wie er bei Rossbrunn, nachdem er seinen Kniegelenkschuss erhalten, noch eine grosse Strecke im Galopp davon gejagt habe, ohne bedeutende Schmerzen zu fühlen; 3 Stunden nachher wurde er in Würzburg amputirt. Indessen als Pendant zu jenen Patienten, die, nachdem sich die Pyämie bereits durch Schüttelfröste angekündigt, es mit dem Leben büssen mussten, dass sie sich zur angerathenen Amputation nicht entschliessen konnten, dienen diejenigen, bei welchen die Verweigerung der Amputation mit der Erhaltung des Gliedes belohnt wurde!

Nur zwei Fälle sah ich, wo die Erhaltung des Gliedes durch eine Kniegelenkresection, und zwar einmal unglücklich und einmal mit Glück versucht wurde. Es scheint auch der diesjährige Krieg noch nicht im Stande gewesen zu sein, diese Operation, die sich in der Civilpraxis einen bleibenden Ruf bereits erworben hat, aus ihrer stiefmütterlichen Stellung in der Kriegschirurgie herauszubringen. *)

Verletzungen des Unterschenkels.

Das Verhältniss der Knochenverletzungen zu den Fleischschüssen war bei meinen in Süddeutschland aufgezeichneten Fällen wie 3 zu 4.

---

*) Didiot notirt in den Recueil de Mémoires de médecine, de chirurgie et de pharmacie militaires Nr. 84, 1866, dass im amerikanischen Krieg von 11 Kniegelenkresectionen 2 geheilt seien.

Ein grosser Theil der Fleischschüsse waren Wadenschüsse, die Granatsplitterverletzungen selten, ebenso Blutungen. Während einzelne Kugeln auch hier ihren Weg zwischen Tibia und Fibula durch nahmen, durchbohrten andere die Tibia, ohne sie zu fracturiren (Lochschüsse). Die Fibula war selten für sich fracturirt; diese Fälle heilten alle. — Von Fracturen der Tibia allein oder der Tibia und Fibula zeichnete ich in Süddeutschland und Böhmen 170 Fälle auf; sie gehörten zu denjenigen Verletzungen, welche wo möglich keinem Transport unterworfen wurden, wesshalb ich noch eine grosse Zahl derselben auch in Böhmen traf. Auch für sie galt möglichste Immobilisirung durch Gyps; dagegen dürfte ein Transport im Gypsverband hier eher möglich und weniger verderblich sein, als beim Oberschenkel und Knie.

Von 170 Fällen wurden günstig conservativ behandelt 122 Fälle; ungünstig oder zweifelhaft 14 Fälle, also ungefähr $^{11}/_{12}$ günstig; $^1/_{12}$ ungünstig. Mit Berücksichtigung der Art der Behandlung stellen sich die Resultate wie folgt:

Mit Gyps behandelt: 82 Fälle günstig; 3 Fälle ungünstig.
Ohne Gyps behandelt: 40 „ „ 11 „ „

Also auch hier Resultate, die zur Empfehlung des Gypsverbandes dienen. Bei 8 Fällen notirte ich die Thatsache, dass der Gypsverband später wegen Schmerzhaftigkeit abgenommen werden musste; es wurden dieselben dann in die Drahthose oder die Papprinne gelegt, welche beiden Verbände neben dem planum inclinatum duplex die hauptsächlichsten Methoden, bei den nicht mit Gyps behandelten Fällen bildeten.

Ungefähr $^1/_4$ sämmtlicher Schussfracturen des Unterschenkels fand ich operirt; ich lasse hier eine Uebersicht der 35 Operirten folgen:

	günstig		ungünstig		
	secund.	prim.	secund.	prim.	Summa
Oberschenkelamputation	—	1	—	—	1
Unterschenkelamputation	16	3	6	1	26
Amputation nach Critti	2	—	2	—	4
Amputation nach Bruns	2	—	—	—	2
Resection der Tibia-diaphyse	1	—	—	—	1
Exarticulation im Knie	—	—	—	1	1
	21	4	8	2	35

Betreff der Amputation des Unterschenkels sind auch hier die wenigen primären Operationen und deren günstiger Verlauf hervorzuheben; der einzige ungünstige Fall war mit einer Nachblutung aus der arter. tibial. postic. complizirt. Ein hieher gehöriger Fall ist desswegen speziell erwähnenswerth, weil er eine durch die rar gewordene Anwendung von Vollgeschossen bei der Artillerie ebenfalls selten gewordene Verletzung darbot; ich meine die totale Wegreissung des Unterschenkels durch das Vollgeschoss. — Die Operationsmethoden waren der Cirkelschnitt und der Lappenschnitt; letzterer hauptsächlich, wenn ersterer wegen ungleicher Zerstörung der Weichtheile nicht ausführbar war.

Die Critti'sche Operation, bei welcher der Oberschenkel im Bereiche der Condylen amputirt, und ein vorderer Lappen gebildet wird, welcher die ihrer Knorpelschicht beraubte Kniescheibe an die Sägefläche des Oberschenkels anheilen lässt, war Gegenstand manigfacher Dispute; die Acten über dieselbe waren vor dem diesjährigen Feldzug nichts weniger als geschlossen, und wie mir scheint, werden sie es auch jetzt noch nicht werden. Zwei Fälle verliefen tödtlich; freilich hatten sie schon Anfänge der Pyämie vor der Operation. Bei den zwei geheilten Fällen war die patella retrabirt, und somit der Haupteinwurf gegen die Operation nicht widerlegt. Fast

möchte es scheinen, als ob die Bruns'sche Amputation, welche der Critti'schen Operation namentlich von Heine*) entgegengehalten wird, bessere Resultate zu erzielen im Stande wäre; es ist dies jene Amputation des Oberschenkels, unmittelbar über den Condylen, mit einem vordern grossen Lappen. Ich sah zwei gelungene Fälle derselben, ein primär und ein secundär Operirter, und beide hatten schöne, nicht conische Stümpfe.

Dass ich die **Exarticulation im Knie** nur einmal traf, charakterisirt den Standpunkt, den sie in der operativen Chirurgie einnimmt. Es betraf einen bei Rossbrunn Verletzten, welcher daselbst operirt worden und dann auf dem dreistündigen Transport bis Würzburg an der arter. poplitea ein Tourniquet trug; es trat Gangrän des Lappens ein, und bei meinem Besuch war die Wunde stark belegt, und der Kranke fieberte bedeutend.

Die **Resection der Tibia-diaphyse** endlich sah ich ebenfalls nur einmal ausführen (Textor); die Schussverletzung war in der Nähe des Fussgelenkes; das Gelenkende wurde erhalten; die Operation hatte am vierten Tage nach der Verletzung stattgefunden; bei meinem Besuche sah die Wunde gut aus, und das Allgemeinbefinden des Patienten war gut.

Verletzungen des Fussgelenks und des Fusses.

Auch hier hatte die erhaltende Methode die Oberhand. Von 44 Fussgelenkverletzungen wurden 28 conservativ und 16 operativ behandelt. — Die conservative

---

*) Die Schussverletzungen der untern Extremitäten nach eigenen Erfahrungen im letzten schleswig-holsteinischen Feldzug. — 1866. Berlin. —

Methode bestund ausser im Gypsverband auch in der Application des permanenten Wasserbades, wozu die bekannten, fast in jedem Lazareth zu findenden Blechwannen von verschiedener Form benutzt wurden. Die Erfolge der conservativen Behandlung waren sehr ermunternd. Die verhältnissmässig grosse Zahl der Operationen beweist indessen, dass auch die conservative Chirurgie nach der herrschenden Ansicht ihre Grenzen hat.

Die hieher gehörigen Operationen waren: Unterschenkelamputationen: 5 secundär und ungünstig, Resectionen des Fussgelenkes, totale und partielle 11; davon eine primär und 10 secundär; von letztern boten 8 einen guten, 2 einen schlechten Ausgang. Die Schussverletzungen des Tarsus, Metatarsus und der Zehen wurden fast durchgängig conservativ behandelt. Ich notirte hieher gehörige Verletzungen 28, von denen 7 operirt worden. Die Operationen waren:

Syme'sche Operationen 2 secundär mit zweifelhaftem, 1 Chopart'sche Operation mit gutem, und 3 Pyrogoff'sche Operationen, von denen nur eine primär ausgeführt, und von wahrscheinlich gutem Erfolg war. Endlich eine Amputation dreier durch einen Granatsplitter zerquetschter Zehen, mit günstigem Erfolg. Die conservativ behandelten Fälle boten bis auf zwei alle eine günstige Prognose, und wurden nach den allgemeinen Grundsätzen behandelt.

Thätigkeit auf den Verbandplätzen und in den Ambulancen — Transport der Verwundeten — Spitäler — Hülfsvereine.

Ein Thema, welches nach jedem Kriege zu neuen Discussionen Anlass gibt, Verbesserungen ruft, und welches uns dennoch stets lebhaft daran erinnern wird, dass die ideale Durchführung des Feld-Sanitätsdienstes ein frommer Wunsch sein und bleiben wird.

Vorerst ein Wort über die Thätigkeit in der Gefechtslinie und dem Corpsverbandplatz. Auch in diesem Kriege bestätigte sich die Thatsache, dass als wichtigste Aufgabe sich der rasche und geordnete Transport der Verwundeten in die Ambulance herausstellt, dass der Dienst des auch nach unserm Reglement in die Gefechtslinie commandirten Assistenzarztes, der Frater und Blessirtenträger nicht im Anlegen von Nothverbänden, nicht in Stillung von Blutungen, Application von Tourniquets, sondern nur in Ueberwachung und Ausführung des Transportes bestehen kann. Ausser der Stillung der Blutungen, gibt es keine ärztliche Hülfe, welche dem Verwundeten mehr noth thut, als sein Fortschaffen aus Kugelregen, und der Gefahr, zertreten oder überfahren zu werden. Aus Löffler's Tabelle der Häufigkeit und Tödlichkeit der Schusswunden*) geht aber hervor, dass die auf dem Schlachtfelde tödtlich werdenden Verletzungen der Extremitäten, bei welchen allein es sich ja um eine Blutstillung handeln kann, sehr selten sind; ihre Zahl beträgt für die oberen Extremitäten 0,3 %, für die untern Extremitäten 1,8 % sämmtlicher Verwundungen.

Es lässt sich ziemlich bestimmt annehmen, dass diese Gefallenen verblutet sind, und nach Löffler betrafen es grösstentheils Fälle mit (1 oder 2) abgeschossenen Extremitäten. Bedenkt man nun, wie das Leben dieser Unglücklichen nach Sekunden gezählt ist, wie rasch demnach hier die Hülfe zur Hand sein müsste, und wie schwierig die Sicherstellung des Druckes am Oberschenkel ist, so wird man den Antrag jenes Comités österreichischer Militairärzte begreifen, welcher die Tourniquets abge-

---

*) Löffler l. c. pag. 48.

schafft wissen will, und man wird es nicht auffallend finden, wenn der österreichische Chefarzt Dr. Michaelis, welcher den Krieg bei der Nordarmee mitgemacht, das Tourniquet ein einziges Mal, und da noch ohne Indication anlegen sah.

Zur Besorgung des Verwundetentransportes von der Gefechtslinie zum Corpsverbandplatz, wurde überall ein eigens organisirtes und eingeübtes Corps von Blessirtenträgern verwendet, welches nach einigen mir bekannt gewordenen Urtheilen Treffliches leistete. Ob indessen die Erstellung von eigenen sogenannten Sanitätscompagnien eine durchaus gebotene Massregel sei, darüber scheinen die Acten noch nicht geschlossen, und überhaupt die Frage eine nicht sehr differente zu sein. Nach den Urtheilen von Michaelis*) scheint sich dieselbe in Böhmen nicht so besonders bewährt zu haben, und in der That, halte ich dafür, der Schwerpunkt der Frage liege nicht in der Organisirung eines in sich abgeschlossenen Sanitätscorps, denn beim Engagement einer Armee muss sich ein solches doch in Brigadeabtheilungen theilen, sondern in Bereithaltung einer genügenden Zahl brauchbarer Krankenwärter und ärztlicher Gehülfen (Frater). Sowohl in Beziehung auf Brauchbarkeit als auf die Zahl dieses subalternen Sanitätspersonals sind da und dort Erfahrungen gemacht worden, welche zu Abänderungen und Verbesserungen Anlass geben werden. Was zunächst die Brauchbarkeit des unsern Fratern und Krankenwärtern analogen Personals betrifft, so sah ich solche, welche treffliche Dienste leisteten, während man z. B. in einzelnen Lazarethen über die die Krankenwärter completirenden barmherzigen Schwestern sehr froh war. Es scheint mir in dieser Richtung nicht warm genug auf

---

*) Allgemeine militairärztliche Zeitung.

die Verwendung nur tadelloser und namentlich intelligenter Mannschaft zu diesem Dienste hingewiesen werden zu können. In unserer Armee wird zwar dieses Ziel seit einigen Jahren entschieden angestrebt, allein ein Theil unseres bezüglichen Personals, namentlich aus den früheren Jahrgängen (Reserve), ist, was Intelligenz betrifft, nicht ganz genügend. Wäre hier nicht durch Besoldungserhöhung oder Zwangsrekrutirung in wenigen Jahren ein in jeder Beziehung genügendes Personal zu schaffen? Ich möchte mir in dieser Beziehung erlauben, auf die ziemlich ansehnliche Zahl von Kurzsichtigen aufmerksam zu machen, welche vom Dienste ganz befreit werden, und die, angesichts der Tendenz, die Wehrpflicht noch mehr zu verallgemeinern, zum Dienste der Frater und Krankenwärter verwendet werden können. Sehr oft ist eine das gewöhnliche Durchschnittsniveau überschreitende Intelligenz mit Kurzsichtigkeit vereinigt, und wenn letztere nicht zu hochgradig ist, könnte sie durch Brillen corrigirt und das Tragen der letzteren dem Sanitätssoldaten gestattet werden.

Die Zahl unserer Compagniefrater scheint für die Hülfe auf dem Corps-Verbandplatz zu genügen. Die Zahl der Krankenwärter, die in den Ambulancen thätig zu sein haben, müsste, wie Oben schon angeführt, vermehrt, und für den Dienst in den heimischen Lazarethen (stehenden Kriegs-Spitälern) auf die freiwillige Krankenpflege gerechnet werden. — Die Zahl der Krankenträger (Blessirtenträger), welche durch unser Reglement auszuheben gestattet wird, scheint genügend; nämlich 2—4 per Compagnie, 12—24 auf das Bataillon, 200—400 auf die Division. Rechnet man 10 %, Verwundete, ein Verhältniss, welches mit Rücksicht auf die zukünftige mörderische Gefechtsweise nicht zu hoch gegriffen ist, und davon 5%, welche gefahren oder getragen werden müssen, so kommen auf 12,000 Mann Fechtende 600 zu Transportirende. Vier Mann für den Transport eines Verwundeten aus der Gefechtslinie auf den Corps-Verbandplatz gerechnet, so wären, wenn derselbe (Hin- und Rückweg) ½ Stunde in Anspruch nimmt, durch 200—400 Träger in zwei Stunden 300—600 Verwundete zu transportiren; bringt man indess die manigfachen, bei wogendem Kampfe vorkommenden Störungen beim Verwundetentransport mit in Anschlag, und rechnet man bei Behauptung des Schlachtfeldes eventuell auch auf einen Theil der feindlichen Verwundeten, so kann sich die Arbeit bedeutend in die Länge ziehen, und dürfte daher nicht weniger Personal zur Disposition gehalten werden. Ein preussischer Stabsarzt, Dr. Löwenhardt,*) hat schon vor dem diesjährigen Krieg eine Vermehrung des preussischen Krankenträgercorps von circa 66 auf 200 Mann per Division befürwortet. In der norddeutschen Allgemeinen Zeitung vom 25. November 1866 wird als eine in Folge der Erfahrungen im letzten Krieg beabsichtigte Reform des preussischen Sanitätswesens die Vermehrung des zum Verwundetentransport auf dem Schlachtfeld bestimmten Personals auf 500 per Armeecorps, also circa 166 auf eine Division angeführt. Die preussischen Vorschläge dürften in diesem Puukte ziemlich massgebend, und die Zahl der durch unser Reglement schon längst vorgesehenen Blessirtenträger die richtige sein. Wir beabsichtigen dieselben erst bei einer Armeeaufstellung auszuziehen und für ihren Dienst einzuüben. Wenn hiezu Zeit genug ist, und wenn bei der Auswahl der Mannschaft den Aerzten freie Hand gelassen wird, so glaube ich, ist diese Massregel eine ge-

---

*) Skizze über die Einrichtung des Sanitätsdienstes im Krieg. Berlin, 1865.

rechtfertigte. Die für einen Krankenträger nöthigen Eigenschaften sind: Muth, Körperkraft und mässige Intelligenz.

Der Transport geschah hauptsächlich mittels Tragbahren, welche, mit unbedeutenden Modificationen, den unsrigen (Brancards) gleich sind. Bei der badischen Armee bemerkte ich indessen, wie die Bahre in zwei Theile getheilt, und so die Last derselben auf zwei Mann vertheilt wurde; die beiden Theile sind leicht und fest zusammenfügbar, und schien mir diese Neuerung recht praktisch. Nur ein kleiner Theil der Frater dürfte den Krankenträgerpatrouillen zur Ueberwachung mitgegeben werden müssen, nachdem man eingesehen, dass der Dienst des Verbindens erst auf dem Corps-Verbandplatze beginnt.

Es ist eine fernere, mir mehrmals mitgetheilte Thatsache, dass auf diesen Verbandplätzen mit Ausnahme von blutstillenden, keine Operationen gemacht werden können. Die Zeit ist zu kurz, die Gemüthsstimmung der Aerzte eine zu aufgeregte, die Lokalitäten manchmal zu primitiv (ich erinnere an die Verbandplätze im Freien und bei schlechter Witterung), und zu sehr den Chancen des Gefechtes, den feindlichen Kugeln und der Gefahr, überrumpelt zu werden, ausgesetzt. Es dürften hier nur die einfachsten Verbände (zum Gypsverband ist keine Zeit) angelegt und die Verwundeten gelabt werden, um sogleich zu einem Weitertransport in die Ambulancen bereit zu sein. Dagegen dürfte die momentane Vereinigung des grössern Theils der Corpsärzte mit den Ambulancen sehr zweckmässig, und namentlich bei derjenigen Armee leicht zu effectuiren sein, welche das Schlachtfeld behauptet.

Die Einrichtung der Medizinkarren (Bataillonsfourgons) schien zweckentsprechend; nur möchte ich mir erlauben, auf eine Anzahl wie bei uns, so auch bei andern Armeen zu findender überflüssiger Arzneimittel aufmerksam zu machen, welche zweckmässig durch geistiges Getränk ersetzt werden könnten. Denn auf dem Schlachtfeld ist der Bedarf an Arzneimitteln ein minimer, und alle auf dem Marsch oder in den Cantonnements bedeutender Erkrankenden, werden nicht beim Corps und nicht bei den Ambulancen behandelt, sondern in die Spitäler geschickt, und dort hat man Apotheken. Manche Armeen führen per Bataillon ein Kranken- oder Operationszelt mit; eine Massregel, die ich als zweckmässig und empfehlenswerth erachte.

Der Transport in die Ambulance geschah, wie bekannt, durch eigene Krankentransportwagen, durch zweirräderige Johanniterwagen und durch die im Ambulancetrain befindlichen requirirten Bauernwagen. Von den verschiedenen Krankentransportwagen für Schwerverwundete, die ich gesehen, gefiel mir keiner besser, als unser schweizerischer, und wird derselbe, nebst dem, durch unsern Divisionsarzt Dr. Ruepp verbesserten Johanniterwagen, wenn beide einmal in genügender Anzahl vorhanden sein werden, eine Zierde unsrer Ambulancen sein. Die Transportwagen für Leichtverwundete, omnibusartig gebaut, schienen mir überflüssig, da sie durch leichte landesübliche Fuhrwerke zu ersetzen sind.

In Beziehung auf die Wahl des Verbandplatzes wurden verschiedene Erfahrungen gemacht, aus welchen hervorgeht, dass der Verbandplatz der Ambulance unmöglich immer vor Ungemach und Gefahr der feindlichen Kugeln bewahrt werden kann, dass aber als Hauptregel gilt, ihn vor den Truppenbewegungen zu schützen und denselben nie auf der Rückzugslinie der Armee zu etabliren. Hierzu einige Beispiele. Bei Uettingen schlugen die bairischen Kugeln in den in einem Gebäude aufgeschlagenen preussischen Ambulance-Verbandplatz. (Depôt des leichten Feldlazareths.) In Aschaffenburg regnete es Kugeln in den, mit einer Mauer umgebenen Garten einer Villa, in welcher der bairisch-österreichische Verbandplatz etablirt war. In Skalitz wurde ein österreichischer Verbandplatz, welcher hinter einem hohen Abhang situirt war, in Folge des unglücklichen Ausganges des Gefechtes, durch ein eigenes zersprengtes Kürassierregiment arg beschädigt. Selbst bei den siegenden Oesterreichern in Custozza*) wurde ein Verbandplatz ihrer eigenen Leute durch die momentan zurückweichende Truppe theils niedergeritten, theils überfahren, theils gefangen genommen. Bei Königgrätz blieb dem Personal eines Verbandplatzes nichts übrig, als schleunigst dem unwiderstehlichen Strom des zurückdrängenden Heeres nachzugeben und mitzufliehen, sonst wären sie mit Mann und Maus zertreten und zerstampft worden.

In Gitschin hatten die österreichischen Aerzte in einer Caserne ihren Verbandplatz aufgeschlagen, als plötzlich preussische Hörner ertönten, und der Ambulancetrain, sowie der grösste Theil des subalternen Sanitätspersonals die Flucht ergriff. Zweiundzwanzig Aerzte blieben bei den Verwundeten zurück, wurden als Gefangene erklärt, entwaffnet, und dann arbeiteten sie, anfangs ohne Wärter und ohne Nahrung, mehrere Wochen lang, bis zum Friedensschlusse, unter traurigen Verhältnissen an ihrer mühevollen Aufgabe. Ohne Zweifel wird die Genfer Convention solche Calamitäten in zukünftigen Kriegen zu vermeiden im Stande sein.

Die Aufgabe des Ambulance-Verbandplatzes bestund, wie anderwärts bereits berührt, in Vermeidung jedes Zeitverlustes durch Kugelextractionen, durch Anlegen von

---

*) Wiener medizin. Wochenschrift, Nr. 67, 1868.

Nähten, durch Finger- und Zehenoperationen, dagegen in Ausführung primärer wichtiger Amputationen und Resectionen, Anlegung definitiver Verbände, und zwar, wie ich früher zu begründen suchte, Gypsverbände, und Sorge für möglichst rasche Evacuation der Verwundeten. Dass diese mannigfache und zeitraubende Thätigkeit in den Ambulancen nicht überall nach Wunsch durchgeführt werden konnte, ist wohl nicht zu wundern; gehört doch die Besorgung der Verwundeten in der ersten Zeit nach einem blutigen Gefecht zu den schwierigst zu lösenden und wohl nie ganz zu bewältigenden Aufgaben des Sanitätsdienstes. Hiefür sprechen von Neuem folgende aus zuverlässigen Quellen stammende Thatsachen aus dem letzten Kriege. Die enorme Arbeit, welche den siegenden Preussen nach fast jedem Engagement zu Theil wurde, konnte oft nur unvollkommen überwunden werden. In den kleinen Ortschaften Chlum, Trautenau, Königinhof, in den das Schlachtfeld von Königgrätz umgebenden Ortschaften Wsestar, Festung Königgrätz, Nechanič, Hořic, Nedělist, dann in Gitschin etc. waren ein und mehrere Tage hunderte und bis in die tausend Verwundete angehäuft. Die Lokale für die Unterkunft, die Transportmittel für die Evacuation, die Lebensmittel, die Aerzte waren nicht in der wünschbaren Menge vorhanden. An einzelnen Orten mussten die Verwundeten oft ein, oft mehrere Tage im Freien, in Baumgärten, auf den Trottoirs der Städtchen liegen gelassen werden, und die brauchbaren Lokale waren voll gepfropft. Aerzte und Verwundete hatten manchmal Mangel an Lebensmitteln, und der Mangel an Zeit und Kräften für die primären Operationen war, trotz der aufopfernden, fast unglaublichen Leistungen der Aerzte, ein sehr fühlbarer. Aus Mangel an Transportmitteln mussten beispielsweise einmal die auf ihrer Route begriffenen Proviantwagen der Armee abgefasst und zu Krankentransporten bis zur Eisenbahn benutzt werden, und bei letzterer standen an der Endstation gegen die böhmische Grenze Lebensmittelvorräthe für die Lazarethe, welche aus Mangel an Beförderungsmitteln nicht rechtzeitig zugeführt werden konnten.

In Süddeutschland hatten die preussischen Aerzte ebenfalls einen schweren Stand; es fehlte dem Armeecorps ein schweres Feldlazareth; das Depot der leichten Feldlazarethe, welches die Verwundeten aufzunehmen hatte, musste dieselben so rasch wie möglich theils evacuiren, theils an Ort und Stelle zurücklassen und den Aerzten der Nachbarschaft, preussischen nachgesandten Civilärzten etc. überlassen; dass es dabei diesen letzteren zuweilen am Allernöthigsten fehlte, versteht sich von selbst. Dazu kam das rasche Vorschreiten der Truppen, welche öfters, nachdem sie tagelang marschirt, Abends auf den Feind stiessen, ein Gefecht lieferten und den andern Morgen wieder weiter marschirten; den Aerzten blieb dann noch bis spät in die Nacht zu operiren und verbinden übrig, wie bei Laufach, wo unter anderm 8 primäre Amputationen gemacht wurden, oder sie fanden zum Operiren keine Zeit, wie bei Uettingen, wo zu den 500 eingebrachten Verwundeten zu wenig Aerzte vorhanden waren, und, wenn ich nicht irre, preussischerseits keine primäre bedeutendere Operation gemacht werden konnte.

Dass diese Verhältnisse bei der geschlagenen Armee nicht geregelter sein konnten, als bei den Siegern, ist selbstverständlich. Die schweren Feldlazarethe, welche den Ambulancen die Schwerverwundeten abzunehmen hatten, waren oft nicht da, wo man sie brauchte, und die Aerzte konnten ihren zurückgebliebenen Verwundeten nicht nach Wunsch beistehen.

Es dürfte sich in dieser Hinsicht für die Zukunft hauptsächlich um Berücksichtigung folgender Punkte handeln: Die Transportmittel zur Evacuation der Verwundeten aus den Ambulancen werden in vermehrter Zahl nachgeführt werden müssen; dieselben würden den Ambulancen (leichten Feldlazarethen) beigegeben, und könnte dadurch der Anhäufung von Verwundeten mehr gesteuert werden. Soll den Schwerverwundeten ihr Schicksal möglichst erleichtert, und die Mortalitätsprocente derselben möglichst vermindert werden, so darf kein Transport derselben, ausser demjenigen unmittelbar vom Schlachtfeld in die Ambulance stattfinden; es müsste für genügendes Personal zu sofortigen primären operativen Eingriffen gesorgt und Krankenbehälter zur Stelle sein, welche die nöthigen hygienischen Bedingungen bieten.

Zu dem Ende wären die anderwärts bestehenden schweren Feldlazarethe (Feldspitäler) wohl am besten ganz in den Ambulancen aufgehen zu lassen, diese letzteren aber bedeutend grösser und so anzulegen, dass sie theilbar wären; das ärztliche Personal, sowie die Zahl der Krankenwärter und Commissaire, würde entsprechend vergrössert (bei uns die Aerzte vielleicht passend auf Kosten der Zahl der Truppenärzte) und eine gewisse Anzahl von Zelten in den Ambulancetrain aufgenommen. Nach jedem Gefecht hätte ein Theil der Ambulance mit den Schwerverwundeten zurückzubleiben, und der andere Theil dem Truppenkörper zu folgen. Durch die Genfer Convention wäre dann die Möglichkeit gegeben, dass auch der Besiegte seine Schwerverwundeten durch einen Theil seiner, auf dem Schlachtfelde zurückbleibenden Ambulance, ungefährdet und sofort besorgen könnte, und da die zukünftigen Kriege allem Anscheine nach rasch beendet sein werden, so würde nicht zu befürchten sein, dass durch diese mehrmalige Zerstückelung der

Ambulancesectionen die Truppe zu sehr von denselben
entblösst würde. Aus den rückwärts angelegten Magazinen für Spital-
utensilien könnten dann diese stabil gewordenen Ambulancen mit allem Nöthigen gespiesen werden; zu letzterem gehörten auch die noch nöthigen Zelte und die
eisernen Bettstellen.

Nach einigen in der Berliner Presse erschienenen
offiziösen Andeutungen zu schliessen, scheint es sich
auch in Preussen um Reorganisirung des Feldlazareth-
wesens im angedeuteten Sinne zu handeln. Die schweren
Feldlazarethe sollen mobiler gemacht, in kleinere Abtheilungen getrennt, also ebenfalls eine Art Brigade-
Ambulance geschaffen, und der Lazarethtrain vermehrt
werden. Freilich wird bei Besprechung dieser eventuellen Abänderungen darauf aufmerksam gemacht, wie
eine Vermehrung des Trains aus militairischen Gründen
möglichst vermieden werden sollte. Allein angesichts
der Anstrengungen, welche gemacht werden, um die
Armeen möglichst kampftüchtig zu machen, scheint es
mir vom Standpunkte des Militairarztes gerechtfertigt,
wenn er dafür zu sorgen sucht, dass auch das Sanitätswesen entsprechend gefördert und berücksichtigt werde.

In der Schweiz besitzen wir bereits das System der
Brigade-Ambulancen; doch ist die Vermehrung des Materials und Personals derselben entschieden geboten.

Es ist daher wohl mit Bestimmtheit zu hoffen, dass
vor Allem aus die längst vorhandenen Lücken in der
Organisirung unserer Ambulancen rasch und vollständig
ausgeführt werden. In Beziehung auf das Materielle ist
ein namhafter Credit bereits bewilligt und verwendet,
dagegen ist über die Completirung des Personellen
meines Wissens noch nichts in die Oeffentlichkeit gedrungen. Das in dieser Richtung Mangelnde ist in der

allgemeinen schweizer. Militärzeitung Nr. 34 genau bezeichnet, und sind gewiss die dort vorgeschlagenen Massregeln zur Vermehrung der Ambulance-Aerzte sehr am Platz: man halte sämmtliche Aerzte im Dienstalter zur Militärpflicht an und vermehre die Ambulanceärzte auf Kosten der Zahl der Corpsärzte. Allein auch dies wird nicht ausreichen, wenn man unsere Landwehr vollständig organisiren, unsere Kriegsspitäler nicht ganz von Civilärzten besorgen lassen und unser Ambulancepersonal über die jetzt reglementarische Zahl vermehren will. Es wird sich darum handeln, das Dienstalter der Aerzte zu erhöhen und zu einer Aushülfe Zuflucht zu nehmen, auf welche ich im folgenden Abschnitte zurückkommen werde.

Ueber das bei den verschiedenen Armeen mir zu Gesicht gekommene Ambulancematerial erwähne ich kurz Folgendes: Dasselbe war qualitativ und quantitativ dem unsrigen ähnlich, und die sich da und dort fühlbar machenden Mängel und Verbesserungen, die auch bei uns Anwendung finden könnten, sind: Die Arzneimittel sind auch hier zu manigfaltig; Dreiviertheile derselben könnten entbehrt werden; andere, namentlich Gyps und Chloroform, sind in zu geringen Quantitäten vorhanden, und aus früher angeführten Gründen dürften Curare- und Dammarharzlösung zweckmässig neu aufgenommen werden. Ebenso sind die Instrumente zur Transfusion nothwendig. Die Ambulancewagen (Fourgons) selbst blieben, was Zweckmässigkeit und Solidität betrifft, nach meinem unmassgeblichen Urtheil, alle hinter den neuen schweizerischen (System von Oberst Müller und Divisionsarzt Ruepp) zurück. Erwähnenswerth ist indess die Einrichtung der österreichischen Feldapotheke, von denen ich im Prater in Wien eine zu sehen Gelegenheit hatte. In derselben stehen die Standgefässe in kleinen Repositorien (stehenden Holzfächern), welche eins vor das andere eingesetzt werden. Die Flaschenreihen werden durch gepolsterte Querhölzer, welche in dazu bestimmte Einschnitte eingelegt werden, vor dem Zusammenstossen geschützt, und stehen ausserdem in Vertiefungen in den Holzboden der Regale fest. Man kann bei dieser Einrichtung rasch eine hübsche Apotheke aufbauen. — Die Kräutervorräthe waren mit der hydraulischen Presse würfelförmig auf ein kleines Volumen comprimirt.

Es bleibt mir noch übrig, über das Schicksal der vom Schlachtfeld zurück Transportirten Einiges zu referiren. Einmal an der Eisenbahn angelangt, bietet der Transport wenig Schwierigkeiten mehr. Die Leichtverwundeten fanden Platz in den gewöhnlichen Waggons III. Classe, und in Gepäckwagen, in welchen Sitze und Strohpolster hergerichtet waren. Für die Schwerverwundeten waren, z. B. von der österreichischen Nordbahndirektion in Böhmen 200 besondere Waggons construirt worden, welche den Verwundeten in Traggurten hängende Lagerstätten boten; letztere waren zum Herausheben eingerichtet, und dadurch das unbequeme Umlagern von den Tragbahren in den Waggons selbst umgangen.

Ob die anderwärts beim System der Schwebe als bedeutend geschilderte mitgetheilte Erschütterung wirklich in den österreichischen Schwerverwundetenwaggons nicht vorhanden oder abgeschwächt war, kann ich nicht entscheiden, da ich keine Gelegenheit hatte, diese Transportweise selbst mit anzusehen. Quitzmann[*]) will die Schwerverwundeten einfach auf Deckel- oder Lastwagen mit Strohpolstern transportiren, was indessen, wegen der

---

[*]) Dr. Quitzmann, bairischer Oberarzt: Ueber Sanitätscompagnien und militairische Krankentransporte. Nürnberg 1864.

schlechten Federung dieser Wagen, wohl ebensowenig genügen dürfte, als die von Heine *) vorgeschlagene Herrichtung und Benutzung der gepolsterten Personenwagen, wobei die Kranken nur halbliegend sich placiren könnten. — Unbedingt am besten ihren Zweck erfüllend müssen die amerikanischen**) Transportwagen sein, in welchen die Verwundeten in einer Art Brancard liegen; allein da sie eine von den gewöhnlichen Wagen abweichende Construction des Unterbaues haben, so müssten sie bei einer eventuellen Kriegsrüstung ganz neu gebaut werden, wozu wohl im gegebenen Falle keine Zeit mehr wäre. — Unsere schweizerischen Waggons III. Classe schienen mir, wenn über die Sitzlehnen der Länge nach eine etwas gepolsterte Unterlage gelegt würde, für den Transport nicht ungeeignet. Vielleicht könnten solche Unterlagen aus Strohladen construirt werden.***) Die Frage des Eisenbahntransportes dürfte auch bei uns Gegenstand näherer Prüfung werden.

Die Bahnzüge hatten ihre bestimmten Haltstationen, wo Erfrischungen für die Verwundeten bereit waren; ebenso waren sie von dem nöthigen Gesundheitspersonal begleitet.

Ausser den grössern Krankendepots, in welchen die Transportirten untergebracht wurden, wurde ein ausgedehnter Gebrauch von der Privatkrankenpflege gemacht; natürlich beförderte man diese einzelnen Verwundeten, namentlich die Offiziere, in ihre Heimath, sobald ihre ökonomischen Verhältnisse sie nicht den Aufenthalt in einem Spital vorziehen liessen. In diesen

---

*) Dr. Heine: Allgemeine militairärztliche Zeitung Nr. 29. 1866.
**) Vergleiche Haurowitz: Das Militairsanitätswesen der vereinigten Staaten. 1868.
***) Ich erinnere hiebei an die mannigfache Erstellung von Apparaten aus Stroh durch die badischen Sanitätssoldaten.

letztern, theils Privatunternehmungen, theils vom Staate organisirt, begann und entwickelte sich hauptsächlich die Privatwohltätigkeit. Ueberall Hülfsvereine, überall Johanniter, überall freiwillige Krankenpfleger und Krankenpflegerinnen (Duisburger Brüder, barmherzige Schwestern, Diakonissinnen, jüngere und ältere Damen aus den höchsten Ständen), und die Berliner, Wiener, Prager Comités haben enorme Sammlungen veranstaltet. Ich habe selbst das Magazin des Prager Hülfscomités einmal besucht, und war erstaunt über die angehäuften Vorräthe von Matrazen, Bettdecken, Leinwand, dreieckigen Verbandtüchern, Compressen, Schienen, Badapparaten, Wachsleinwand, Charpie, Irrigatoren, Pfeifen, Tabak, Cigarren, Schuhe, Hosen, Hemden, Pantoffeln, Jacken, Schlafröcken, Kaffee, Zucker, Mais, Reis, Wein u. s. w. Dazu kam eine grosse Summe Geldes, von der damals noch 40,000 Gulden zu verwenden waren. Das etwa 80 Mitglieder zählende Comité war in 4 Sectionen getheilt, von welchen die eine die Gaben zu sammeln, die andere das Material in den Magazinen zu verwalten und die nöthigen Anschaffungen zu machen hatte; eine dritte Section hatte den Transport der Gaben in die Lazarethe und die vierte die Vertheilung derselben zu besorgen.

Die freiwillige Hülfe war überhaupt in diesem Kriege eine grossartige, und ist hiebei die Thätigkeit des Berliner Centralcomités besonders rühmend zu erwähnen; seine Oberleitung erstreckte sich über mehr als 200 Provinzialcomités[*]) und seine Vorräthe waren so reichlich, dass es selbst dem Hülfscomité in Prag grosse Sendungen mittheilen konnte. — Die Thätigkeit der Dia-

---

[*]) Vergleiche P. v. Naranowitsch: Das Sanitätswesen in der preussischen Armee während des Krieges im Sommer 1866.

konissionen und barmherzigen Schwestern ist über alles Lob erhaben. Es ist längst bekannt, dass sie am Krankenbette durch militairische Krankenwärter nie zu ersetzen sein werden, und wäre die Sorge für Heranbildung einer grössern Zahl solcher Schwestern eine würdige Aufgabe der sich auch bei uns jetzt bildenden Hülfsvereine für verwundete Krieger.

Genfer Convention.

Dieselbe hat sich, wo sie zur Anwendung kommen konnte, im Allgemeinen bewährt und an Kredit gewonnen. Die bittern Klagen der österreichischen Aerzte über den zu späten Beitritt zu derselben waren öfter zu hören und zu lesen, und beweisen, dass dieselbe lebhaft vermisst worden und überall gut gebeissen ist. Dass die Conventionsbinde zu Spionage missbraucht worden sei, wie man dies von einzelnen Seiten fürchtete, habe ich nirgends gehört. Wenige Stimmen hörte ich gegen sie sprechen, und zwar hauptsächlich den Uebelstand betreffend, dass eine Controlle, welche verhindern sollte, dass Unberufene von der Conventionsbinde Gebrauch machen, sehr schwer sei. Wahr ist's, dass unter der Form von Bedienten etc., welche z. B. dem ärztlichen Personal beigegeben sind, allerlei Gesindel sich herumtreiben kann; ebenfalls richtig ist, dass eine Anzahl von Conventionsbinden zu sehen waren, welche nicht vom Armeecommando ausgetheilt worden waren; ich selbst liess meine Binde von unberufener Hand mir verfertigen, und in Würzburg erinnere ich mich in einem Schaufenster die Conventionsbinden zum Verkauf ausgestellt gesehen zu haben. Indessen dies scheinen mir Mängel, denen wohl auch abzuhelfen wäre. Könnte nicht durch eine allgemeine gleichmässige Uniformirung des Sanitätscorps nach dieser und anderer Richtung die Intention des Concordates wirksam unterstützt werden?

Eine andere, durch die Genfer Convention zu lösende Frage wäre vielleicht die: ob dem auch im Anfange dieses Krieges in Böhmen fühlbar gewordenen Mangel an Aerzten nicht durch gegenseitige Aushülfe der an der Convention betheiligten Aerzte abgeholfen werden könne. Für die erste Hülfe nach der Schlacht hat das Sanitätscorps sozusagen nirgends genügt, und je mehr kunstgerechte Hülfeleistungen in diesen Momenten vorhanden, desto besser. Zudem hat das Zerstreuungssystem für die Schwerverwundeten seine Grenzen und es wird auch für die nicht Transportirten durch Wochen hindurch mehr ärztliche Hülfe nöthig sein, als da und dort gewährt werden konnte. Preussen war durch seine zahlreiche Rekrutirung von Civilärzten zu Hause von letzteren bedeutend entblösst, und hätte kaum mehr das militairärztliche Contingent vermehren können. Aehnlich wird es allen Staaten gehen, welche durch das System der Volksbewaffnung ein zu der Zahl der im Lande vorhandenen Aerzte nicht im Verhältniss stehendes Heer mobil machen. Bedenken wir dabei die Masse interner Kranken, welche, wie auch der letzte Krieg mit erschreckenden Zahlen bewiesen hat, stets eine Geissel der Feldzüge bleiben und einen Theil der Civilärzte in Anspruch nehmen werden, so dürfte es für uns eine factische Unmöglichkeit sein, das die Truppen begleitende ärztliche Personal in genügender Menge zu stellen. Ein Corps freiwilliger und besoldeter Aerzte, aus den nicht kriegführenden Ländern recrutirt, welches die zum gegenseitigen Verständniss nöthigen Sprachkenntnisse besitzt, könnte nicht nur Erspriessliches leisten, wenn es in die Lazarethcorps der kriegführenden Heere eingereiht würde.

sondern es wäre auch Gelegenheit zur leichtern Verständigung über kriegschirurgische Fragen gegeben, deren verschiedene Beurtheilungen stets noch da und dort einen mehr oder weniger nationalen Charakter an sich tragen.

Bekleidung, Ausrüstung und Besoldung des Sanitätscorps.

Der österreichische und sächsische Rock der Aerzte differirt so wenig von dem unsrigen, dass wir auf meiner Reise oft mit einander verwechselt wurden. Auch die übrigen Armeen haben einen blauen Rock von verschiedener Nuance. Neben den zwei Röcken, die jeder Arzt im Felde mit hatte, trugen die preussischen, badischen und würtembergischen Aerzte beim Lazarethdienst oft eine Zwillichjacke; die österreichischen hatten eine Art gedulteter Civiluniform, welche uns sehr einleuchtete, und von welcher Collega Hirt ein Exemplar mitgebracht hat. Es sind Joppen von leichtem, sehr billigem blauem Tuch, welche am. Kragen die Gradauszeichnung tragen und mit mehreren äusseren Taschen versehen sind. Für den Dienst in den Lazarethen wäre dieselbe auch für uns zu empfehlen; es gewährt dem Arzte zur grossen Erleichterung, wenn er in der heissen Jahreszeit zum Verbinden und Operiren einen leichteren blousenartigen Rock tragen, und dabei die so rasch sich abnutzende hellblaue Uniform etwas schonen kann. Die Kopfbedeckung war überall eine leichte Mütze, an welcher, wie bei der preussischen und badischen, durch eine ganz kleine Cocarde mit der Landesfarbe, auf eine zweckmässige Weise die Armee angedeutet ist, welcher der Arzt angehört. Nie sah ich einen Arzt mit einem

Tschako oder Hut! Fort mit diesem unpraktischen
Zeug!*) Die instrumentelle Ausrüstung war ungefähr
dieselbe wie bei uns; die österreichischen Aerzte tragen
dieselbe in einer etwas unpraktischen Feldtasche, andere,
z. B. die preussischen und würtembergischen Aerzte, sind
beritten und haben somit Gelegenheit genug, ihr Etuis
und die allfälligen wenigen Hülfsmittel zu transportiren,
welche nöthig sind, um die ersten Bedürfnisse eines
Verwundeten oder Kranken zu befriedigen, und sich in
dieser Beziehung unabhängiger von den Fratern zu
machen, als z. B. unsere Corpsärzte es sind. Die Zu-
theilung eines Reitpferdes für jeden Arzt im Feld, schon
vor 15 Jahren durch unsern Divisionsarzt Erismann**)
berührt, und von unserm, für das schweizerische Sanitätswesen so verdienten Oberfeldarzte schon im Jahre
1863 beantragt, könnte ich nur warm befürworten. Die
preussische Kriegführung in Böhmen und Süddeutschland
hat zur Genüge bewiesen, dass die Wirksamkeit des
Arztes behindert würde, wenn er bei raschen Bewegungen
der Armee täglich grosse Märsche zu Fuss bestehen,
während des Gefechts und nach demselben thätig sein
und am folgenden Tage von Neuem marschiren müsste.
Ein österreichischer Corpsarzt, von derselben Idee ge-
leitet, schlägt als Beförderungsmittel der Aerzte einen
Einspänner vor; doch schiene mir dies etwas zu bequem. Sollte die Zahl unserer Corpsärzte vermindert
werden, so würde sich die Nothwendigkeit, dieselben
beritten zu machen, steigern. Von den Ambulanceärzten
sollte wenigstens der Chefarzt immer beritten sein.

---

*) Mein Bericht befand sich bereits unter der Presse, als der
Antrag unserer Militairersparnisskommission veröffentlicht wurde,
die Mütze für die ganze Armee einzuführen. Bravo!

**) Dr. A. Erismann: Armee und Sanitätswesen der Herzogthümer
Schleswig-Holstein. 1851. Bern.

Die Waffe der Aerzte war überall der Säbel, und doch ist derselbe herzlich unpraktisch; er soll zweierlei Bedeutung haben: Vertheidigungsmittel und Offiziersdistinction; allein ersterer Zweck wird durch den Revolver weit vollständiger erfüllt, welcher zugleich leichter, und weniger hinderlich ist. Dass der Arzt an seiner Würde als Offizier einbüssen würde, wenn er keinen Säbel trüge, glaube ich kaum. Jetzt ist man's allerdings gewohnt, jeden Offizier einen Säbel nachschleppen zu sehen; doch würde man sich rasch daran gewöhnen, auch ohne Säbel im Arzte den Offizier zu erkennen; hat er ja in seiner Uniform genügende Auszeichnung, und soll ja überhaupt der Offizier nicht durch seinen Säbel, sondern durch seine Intelligenz imponiren. Unsere Erspornisskommission bringt den Antrag, den Säbel bei allen Gewehrtragenden zu entfernen; die Aerzte könnten ebenfalls in diese Kategorie eingereiht und ihnen ein Revolver zugetheilt werden, welcher nebst einer minimen Patron- und einer entsprechenden Instrumententasche an ein und demselben Ceinturon bequem zu befestigen wäre. Die elegante, aber kostspielige und stets mehr oder weniger hinderliche Giberne würde dann wegfallen.

Stellung und Rang der Militairärzte betreffend, so dürfen wir einen Vergleich mit den Verhältnissen in andern Armeen ganz wohl aushalten. Seit bei uns die Schranke zwischen Combattanten und Nichtcombattanten, hauptsächlich auch auf Anregung eines schweizerischen Militairarztes*), gefallen ist, nehmen die Aerzte die ihnen gebührende Stellung ein. Ihren Unterlieutenantsrang beim Eintritt in die Armee theilen sie mit den Militairärzten Frankreich's, Belgiens und Preussens; während

---

*) Ueber die Stellung des Militairgesundheitswesens bei der eidg. Armee etc., von einem schweizer. Militairarzt. Zürich, 1849.

in Oesterreich die promovirten Aerzte sofort mit Oberlieutenantsrang eintreten und nach circa 6 Jahren Regimentsärzte sind; in Hannover und England avancirt der Premier-Lieutenant ebenfalls (nach circa 5 Jahren) sogleich zum Hauptmann.*) Ich möchte mich der Tendenz, den Aerzten den Unterlieutenantsrang entweder ganz zu ersparen, oder dieselben wenigstens rascher zum Oberlieutenant avanciren zu lassen, aus folgenden Gründen anschliessen: Der Arzt tritt bei uns in Folge seiner langjährigen Berufsstudien in der Regel schon in verhältnissmässig vorgerückterem Alter in die Armee, und ist deshalb älter als die mit ihm den gleichen Rang theilenden Offiziere; seine spezifische Thätigkeit in der Armee ist eine Leistung, zu der er sich durch bedeutende persönliche Opfer hat befähigen müssen; er bringt weit aus den wichtigsten Theil der Kenntnisse, die ihm zur Ausübung seiner militairischen Thätigkeit nötbig, mit in den ersten Militairdienst, und sollte die Zahl der Corpsärzte auf 2 per Bataillon reduzirt werden, so wird dem Assistenzarzte eine selbständigere Stellung eingeräumt, in welcher es von Vortheil sein dürfte, wenn demselben möglichst rasch der Rang eines Oberlieutenants ertheilt würde. Bei den Ambulanceärzten III. Klasse wäre ein analoges Verhältniss einzuführen. In der That hat auch unser Oberfeldarzt bei Anlass des Antrags zur Reduction der Zahl der Corpsärzte das Avancement der Assistenzärzte zu Oberlieutenants (nach vorausgegangener kurzer Dienstzeit) mit beantragt.

Bei diesem Anlass sei es mir vergönnt, zwei Worte über das Verhältniss unserer Corps- zu den Ambulanceärzten zu sprechen; dasselbe scheint mir nicht ganz das richtige zu sein. Die Ambulanceärzte haben höhern

---

*) Vergleiche: Dr. Löwenhardt l. c., pag. 24.

Rang und höhere Besoldung als die Corpsärzte des entsprechenden Grades; sie gehören zum eidgenössischen Stab, ohne für diese Auszeichnung ein Aequivalent besonderer militairärztlicher Tüchtigkeit zu bieten. Da es mir nicht gut schiene, wenn die tüchtigeren Kräfte alle auf die Ambulance verwendet würden, und da überdies bei der bevorstehenden grossen Zahl von Ambulanceärzten eine Ausscheidung nach der Tüchtigkeit auf sehr grosse Schwierigkeiten stossen würde, so glaube ich, ist der bei uns und anderwärts bestehende Modus gerechtfertigt, den Aerzten die Wahl zwischen Ambulancedienst und Corpsdienst zu lassen; um so mehr, als Jeder selbst am besten beurtheilen kann, ob er die zu diesem oder jenem Dienste wünschbaren Eigenschaften besitzt. Allein in Beziehung auf Rang und Besoldung schien es mir richtiger, wenn Corps- und Ambulanceärzte gleich gehalten würden.

 Eine ausnahmsweise Stellung nahmen ein Theil der aus allen Gauen auf den Kriegsschauplatz geeilten Professoren der Chirurgie ein. Einzelne derselben hatten hohe militairärztliche Chargen inne, und dirigirten nicht nur das chirurgische Wirken in den Lazarethen, sondern die ganze militairärztliche Wirksamkeit einzelner Armeecorps und Armeen. Andere nahmen nur eine offizielle civilärztliche Stellung ein, und wirkten als consultirte und operirende Aerzte in einem gewissen Lazarethrayon. Die Lazarethärzte büssten indessen dadurch an der Selbstständigkeit ihres Handelns nichts ein; zur Vornahme einer Operation war ihre Einwilligung nothwendig, und wenn sie selbst zu operiren wünschten, so stund dies ihnen frei; zuweilen war dann ein Professor der Chirurgie mit anwesend, um, wenn nöthig, zu rathen und zu helfen. Es war diese erfahrne chirurgische Hülfe von sehr grossem Werth, und würde es auch bei uns von hoher Bedeutung sein, die Chirurgen unsrer drei Universitäten im Kriegsfalle für eine ähnliche Thätigkeit zur Verfügung zu haben.

Ueber die Tüchtigkeit der Militairärzte der verschiedenen Länder und Armeen erlaube ich mir kein öffentliches Urtheil. Mit Bezug auf unsere schweizerischen Verhältnisse constatirte ich indessen mit Befriedigung, dass die wissenschaftliche Durchschnittsbildung unserer Militairärzte derjenigen anderer Länder wohl an die Seite gestellt werden darf. Dagegen traf ich da und dort eine gewisse Zahl von Collegen, welche uns sowohl auf dem operativen Gebiet als auch in Beziehung auf militairische Einsicht überlegen sind. Beide Momente dürften für unsere Verhältnisse zu berücksichtigen sein. Schon vor geraumer Zeit haben unsere militairärztlichen Oberen die Abhaltung von Operationscursen beantragt, die Militairärzte selbst wünschen sie, und zweifle ich nicht, dass dieselben in allernächster Zeit zur Ausführung kommen werden. Eine gewisse Einsicht in Geist und Mechanismus der Armee ist für den Militairarzt von grossem Werth; seine Tüchtigkeit wird dadurch in derselben Weise erhöht, wie die des Truppenoffiziers, wenn er das Sanitätswesen kennt. Der österreichische Regimentsarzt Dr. Michaelis in seinen niedergelegten frischen Erfahrungen [*]) hebt die unabweisbare Nothwendigkeit eines soldatischen Wesens namentlich für die Chefärzte besonders hervor, und dürfte es auch für uns von Vortheil sein, wenn in dieser Richtung etwas mehr geschehen könnte. Wäre nicht die Besammlung einer grössern Zahl von Militairärzten bei dem praktisch-militairischen Leben und Treiben in den Truppenzusammenzügen und

---

*) Allgemeine militairärztliche Zeitung Nr. 47, 1866.

Centralschulen nützlich? Die Dienstzeit der Aerzte brauchte
desshalb kaum vermehrt zu werden, wenn man gleichzeitig
davon abstrahiren würde, zu den kantonalen Wiederholungscursen der Bataillone so viele Aerzte einzuberufen. Ein Arzt per Bataillon genügt im Garnisonsdienst
vollkommen, und während der Vorübung der Cadres,
könnte der sich auf ein Minimum reduzirende Gesundheitsdienst von den Garnisonsärzten, wo solche vorhanden,
versehen werden. Während dieser eine Arzt sich ordentlich beschäftigen kann, ist eine genügende Bethätigung
von drei Aerzten unmöglich.

Endlich wäre es wohl unnütz, auf die Vortheile aufmerksam zu machen, welche für die Ausbildung des
Militairarztes aus der Betheiligung an Kriegsactionen
erwachsen. Dieselben sind durch keine Friedensübungen
zu ersetzen, und wäre bei der Eventualität eines zukünftigen Krieges, bei welchem die Schweiz nicht mit implicirt ist, die sofortige Absendung einer Anzahl Militairärzte auf den Kriegsschauplatz nicht nur eine Massregel
von grosser Bedeutung für unser Militairsanitätswesen,
sondern auch eine anerkennenswerthe Hülfeleistung im
weitern Sinne der Genfer Convention.

Ich hätte noch Manches zu berichten, Manches zu
besprechen: Cholera, Typhus, interne Kranke überhaupt, Bekleidungsfrage der Armee, Erfahrungen auf
dem Marsche etc. Indessen im Interesse des rascheren
Erscheinens meines Berichtes behalte ich mir diese Fragen
für eine spätere Besprechung vor.

Da meine Mission nur eine halboffizielle, und mit
keinen besonderen Instructionen begleitete war, so stand

ich auch nicht an, dem für mich am meisten Interesse
bietenden chirurgischen Theile des Berichtes verhältnissmässig einen grossen Theil von Zeit und Arbeit zuzu-
wenden. Aus demselben Grunde formulire ich keine
bestimmten Anträge; um so weniger, da manche von
mir berührte Neuerung noch genauerer Ueberlegung
und gründlicher Berathung bedürfen wird.

www.ingramcontent.com/pod-product-compliance
Lightning Source LLC
Chambersburg PA
CBHW031335160426
43196CB00007B/703